EL PEQUEÑO LIBRO DE LOS
DRAGONES

ENCUENTRA TU ESPÍRITU GUÍA

Christine Arana Fader

Con ilustraciones de
Anja Kostka

Traducción por Carlos Iván Rojas

Inner Traditions en Español
Rochester, Vermont

Inner Traditions en Español
One Park Street
Rochester, VT 07567, EE. UU.
www.InnerTraditions.com

Inner Traditions en Español es un sello de Inner Traditions International

ISBN 979-8-88850-177-1

Impreso y encuadernado en China por Reliance Printing Co., Ltd.

10 9 8 7 6 5 4 3 2 1

Maqueteado por Mantura Kabchi Abchi
Este libro está transcrito en Minion Pro
Ilustraciones por Anja Kostka

Para enviar correspondencia a la autora, envíele una carta por correo c/o Inner Traditions • Bear / Company, One Park Street, Rochester, VT 05767, y le remitiremos la comunicación, o póngase en contacto con la autora directamente en **www.goldkamille.de.**

Escanea el código QR y ahorra un 25 % en InnerTraditions.com. Explora más de 2.000 títulos en español e inglés sobre espiritualidad, ocultismo, misterios antiguos, nuevas ciencias, salud holística y medicina natural.

ÍNDICE

PREFACIO

Ahora sé que los dragones han estado a mi lado desde el principio de los tiempos, son compañeros de viaje de los cuales nunca podría prescindir. Su amor y lealtad me tocan la fibra del corazón. La primera vez en esta vida que miré profundamente a los ojos de un dragón, me emocioné tanto que no pude contener las lágrimas y caí al suelo de rodillas, pues pude ver el amor infinito de la fuente divina en mi interior. Hay algo mágico respecto a la fuerza que se siente cuando un dragón se hace cargo de ti para protegerte y fortalecer tu capacidad de determinación. No tienes que bañarte en su sangre como hiciera Sigfrido en la heroica epopeya alemana *Nibelungenlied* (Cantar de los nibelungos). Haz una conexión con tu dragón de corazón a corazón y la chispa de la invencibilidad brotará en ti. Muchas son las leyendas que hablan de dragones y de los gigantescos tesoros de piedras preciosas custodiados por ellos, pero en realidad no son gemas lo que protegen los dragones: es el conocimiento. El conocimiento es poder, y solo los puros de corazón podrán tener acceso a él. El mundo está en constante cambio, el imperio del miedo se tambalea y, como al principio, sin duda alguna el amor volverá a reinar. En las películas, las novelas y los cuentos de hadas se cuenta la misma historia: la historia del amor que vence al miedo.

Los dragones y sus jinetes han vuelto. Podrás pensar que se trata de simples leyendas, y es así, pero ¿quién puede afirmar que las leyendas no son reales? Los seres humanos nos hemos equivocado mucho al creer que algo era cierto, cuando en realidad no lo era. Nos creemos muy superiores y conocedores, pero, créanme, sabemos muy poco. De nosotros depende que las leyendas se hagan realidad, de ti depende convertirte en el héroe de tu propia leyenda, de tu propia historia. Voy a contarte una de las grandes verdades que, por supuesto, ya tú conoces... pero de todos modos te la contaré: toda guerra se gana en el corazón.

Pero la otra gran verdad es que no basta con simplemente saberlo. Solo cuando tu conocimiento se transforme en sabiduría serás capaz de hacer uso de la verdad, entonces la paz reinará en tu corazón, y cuando la paz reine en todos nuestros corazones tendremos paz en todo el mundo. Los viejos valores han vuelto con los dragones: la valentía, la lealtad, la amistad verdadera, el compañerismo, el saber que no estás solo. Atiende el llamado y haz que vuelva tu dragón, pues lleva millones de años esperándote. Acércate a él de corazón a corazón, absorbe ese gran e inagotable amor en lo más profundo de tu ser, y úsalo para propiciar la paz en nuestra tierra, en la madre Gaia, tu gran madre, que te alberga y te alimenta cada día.

EL DRAGÓN:
UN ANIMAL DE PODER

Un dragón es un chispazo de la fuente celeste, portadora del fuego divino, que ha cobrado vida. Representa el poder mágico del universo y es el guardián de la magia, de los elementos y sus poderes, y del yin y el yang que mantienen en equilibrio la vida en nuestro planeta. Los dragones viven en la realidad, donde les corresponde ser los guardianes del conocimiento mágico. La magia es el conocimiento del conocimiento. La magia es lo más natural de nuestro planeta. Magia es todo aquello que te cautiva. Magia es sembrar una semilla de girasol en la tierra y ver como de ella crece una magnífica planta de girasol. Magia es decirte cuán maravilloso eres y sacarte una sonrisa. La magia nos rodea, está en todas partes. Es etérea, rebosa de luz y es poderosa. Los dragones son mágicos y siempre han existido. Estuvieron presentes en la creación de nuestra galaxia, momento en el que se les encomendó su misión. Son más antiguos que los planetas, más antiguos que cualquier alma. Tienen línea directa con la fuente de toda existencia. Solo por eso experimentamos asombro al ver un dragón, o tal vez un ligero escalofrío de miedo, le tememos a su poder, es un sentimiento que surge de nuestro inconsciente colectivo.

Para muchos el poder tiene connotaciones negativas, pero no tiene por qué ser así. El poder es negativo solo cuando se abusa de él. Los dragones son amor puro. Los sedientos de poder siempre se han expresado "mal" de ellos, pues saben que los dragones dotan a sus acompañantes de poder y de conocimiento mágico, lo cual permite a la gente vivir su vida de forma independiente y sin miedo, pero los poderosos han querido impedirlo. Los dragones están volviendo a la época actual. Su deseo y el del mundo espiritual es que vivamos una vida de amor, independiente y libre de miedo. Todos tenemos el mismo poder. Otros son más poderosos que nosotros porque nos roban nuestro poder.

Si un dragón entra en contacto contigo es porque quiere enseñarte a ocupar el lugar que te ha sido asignado. Te pondrá en contacto con grandes poderes y te enseñará a dominar la fuerza de los elementos. Es el guardián de todo el conocimiento del universo. Te enseñará a seguir tu propio camino con valentía y a crecer más allá de ti mismo. Tu dragón te dirá que hay que acabar con las concesiones a la pereza. Quiere que te eleves de un plano inferior a uno superior, que aceptes tu destino y tus obligaciones, ya que cada tarea realizada te acercará más a la maestría, a tu plan espiritual.

Este es el camino por el que los dragones quieren conducirnos. El camino no es sencillo, pues no es fácil abrirse paso por un camino que puede resultar solitario y pedregoso, pero es el único camino que nos conducirá a la luz y a la libertad.

Las almas a las que se les otorga un dragón como compañero son las más viejas; los guardianes, los magos y las supremas sacerdotisas desde el principio de los tiempos. Aquellos que se ven a sí mismos como jinetes de dragón están dispuestos a mirarse en el espejo de la verdad, a aceptarse y a asumir la gran misión que se les ha encomendado. El inconsciente tiene poderes mágicos y puede guiarnos por caminos místicos. Confía en tu dragón y confía en tu corazón. Hazlo siempre, en cada momento y con cada respiración. Hay muchos tipos de dragones y te voy a presentar a algunos en este libro, pero, primero, realiza el viaje de trance que se describe más adelante para encontrar tu dragón. Entonces podrás dedicarte a la tarea que él te asigne. Todo lo que escribo sobre dragones en este libro es, por supuesto, una generalización; siempre habrá algo particular en cada encuentro con un dragón. Cada conexión entre un ser humano y un dragón es única. Para conectar a otras personas con sus dragones, léeles el viaje de trance.

Encuéntrate a ti mismo para que puedas trabajar con tu dragón; han sido compañeros de corazón desde el principio de los tiempos.

MI PRIMER DRAGÓN
Y CÓMO EMPEZÓ TODO

Asistí a mi primer taller espiritual en Hamburgo en el año 2000 y fue allí donde llegué a realizar viajes de trance profundos y muy bien dirigidos. En uno de esos viajes, el objetivo era entrar en contacto con tu corazón. Sin embargo, para mí, el viaje tomó otro rumbo. Donde debería haber estado mi corazón, hallé un huevo gigante. Al examinarlo de cerca, me di cuenta de que algo se movía adentro y, a través de la cáscara un tanto transparente, me pareció ver unas escamas. En medio de mi mente acelerada pensé: "Si salta una serpiente de ahí, me dará un ataque". Nos habían dicho que colocáramos el corazón donde correspondía. Cielos, ¿qué se suponía que debía hacer? Entonces cogí el huevo y me lo tragué, no se me ocurrió nada mejor en ese momento. Al principio pensé que no sería capaz porque el huevo era muy grande, pero lo conseguí. Todo mi cuerpo se enrojeció por el calor, me corría el sudor por la frente y sentía algo vivo en el pecho. Tuve una ligera sensación de pánico. Cuando me miré el pecho noté que la piel del lado izquierdo, a la altura del corazón, se había abierto. Mi pánico aumentó, luego salió un pequeño dragón rojo y el pánico dio paso a la fascinación. El dragón brillaba con una luz roja intensa y me enamoré de él a primera vista. Sin comprender lo que ocurría, mi corazón estallaba de un profundo amor. En aquel entonces, como he dicho antes, poco sabía yo de asuntos espirituales, y ni hablar de animales de poder o de espíritus guías.

La imagen de ese pequeño dragón rojo me llegó al corazón y sentí una fuerte conexión y un amor muy profundo. Trepó por encima de mi hombro y bajó por mi brazo, me rodeó la muñeca con la cola, clavó la punta de su cola en forma de flecha en una vena de mi antebrazo izquierdo, apoyó su cabecita en el dorso de mi mano, cerró los ojos y se durmió. Lo miré de cerca, se veía muy lindo y estaba profundamente dormido. Cuando me miré la muñeca, me di cuenta de que en el dedo anular tenía un anillo de oro que parecía un anillo de boda. Este enigma no se resolvería hasta muchos años después.

Una vez que regresé a casa, comencé a hacer viajes en trance casi todos los días. Todas las cosas que experimenté pudiesen llenar otro libro grueso, pero este trata sobre dragones.

Además del pequeño dragón rojo, recibí otro guía. A mi regreso de Hamburgo, un ángel empezó a aparecerse todas las noches en mi sala. Al principio me mostré muy respetuosa y no me atrevía a hablar con él, pero al cabo de un tiempo me armé de valor. Se presentó como el arcángel Uriel. Como no había oído hablar de ese arcángel, tuve que investigar un poco por internet.

Uriel se convirtió en mi maestro. En uno de los viajes de trance, le pregunté cuál era el significado del pequeño dragón rojo y me respondió: "Representa tu magia interior".

En cada uno de esos viajes de trance me fijaba en el dragón ceñido a mi muñeca, siempre estaba allí. Mientras hacía mi vida cotidiana, a veces podía sentir su cabecita que descansaba plácidamente en el dorso de mi mano. No estoy segura, pero creo que llevé a mi dragón durmiente en la muñeca durante unos tres años, conectado a mí y a la sangre que circulaba por mi cuerpo a través de la punta en forma de flecha de su cola insertada en mi vena.

A lo largo de esos tres años me sometí a un entrenamiento intensivo, me convertí en trabajadora de luz, fui iniciada, y el conocimiento que había llevado en mi interior durante varias encarnaciones me fue revelado de manera lenta y gradual. Uriel me enseñó muchas cosas, me mostró las crónicas akáshicas y me dio lecciones sobre temas como la concentración y la resistencia. También me enseñó que el amor es la fuerza más poderosa del universo.

Quiero compartir con ustedes dos lecciones que considero muy valiosas. Las lecciones siempre empezaban igual, yo encendía incienso de salvia en la sala de estar, oraba y bailaba, luego me sentaba en silencio en el sofá y cerraba los ojos. Para dar sus lecciones Uriel solía llevarme a un luminoso bosque de abedules, pero en esa ocasión no lo hizo. Esa vez permanecí en mi sala de estar. De repente, vi un pequeño monstruo en un rincón de la sala y luego otro en otro rincón. En pocos segundos había muchos monstruos en la sala. Algunos eran grandes, otros pequeños, pero todos tenían algo en común: tenían un aspecto horrible. Algunos tenían llagas supurantes en la cabeza, a otros les colgaba un ojo. Sentí un miedo terrible que me paralizó y gemí en voz baja: "¡Uriel, ayúdame!".

Entonces se abrió un espacio entre los monstruos y me vi envuelta en una luz blanca que me cegó: "Qué pequeñez la tuya que no puedes amar algo solo porque te parece feo". Las palabras me cortaron en seco y penetraron profundamente en mi corazón. Uriel se volvió hacia uno de los monstruos y le hizo señas para que se acercara. Era pequeño, verde y de aspecto viscoso, con unos ojos enormes y redondos que me miraban fijamente. "Mira bien, este es tu monstruo. Es tu miedo a morir sola. Te pertenece y forma parte de ti. ¿Eres incapaz de amarlo porque es feo?". Entonces miré al monstruo y vi brotar una enorme lágrima de sus grandes ojos redondos. Empecé a llorar y a gritar en voz alta a la sala: "¡Los amo a todos, los amo!". Ningún monstruo lucía diferente, era yo la que había cambiado, fui capaz de mirarlos y amarlos, y todos perdieron su fealdad. Todos y cada uno de los monstruos eran hermosos y merecían ser amados. Uriel me sonreía.

Le estoy muy agradecida porque fue una de las lecciones más valiosas que aprendí y que nunca olvidaré. De un salto me levanté del sofá, me puse los zapatos y grité: "¡Monstruos, suban a mi auto, nos vamos a bailar!".

Pasaron los meses, y una noche Uriel se presentó con el arcángel Miguel. Nos introdujo y dijo que Miguel se estaría haciendo cargo de la enseñanza durante las próximas semanas. La enseñanza consistía en aprender a controlar mis pensamientos. Fui una alumna terrible. Con Miguel no se me permitía sentarme, así que una noche me encontraba de pie en mi sala de estar, una vez más con la tarea de concentrarme, pero mis pensamientos no dejaban de divagar. Ese día me había enfadado con alguien de la oficina y no podía concentrarme. Miguel, que estaba frente a mí, me dijo: "Sal de tu cabeza y entra en tu corazón. Sal de tu cabeza y entra en tu corazón". Sus palabras eran cada vez más insistentes pero yo seguía sin conseguirlo. Y entonces sucedió. A la velocidad de un rayo desenvainó su espada y me cortó la cabeza. Vi mi cabeza rodar por el suelo, justo delante de mí ojo espiritual, y en esa "visión" sentí físicamente un golpe muy fuerte en mi cabeza. Miguel extendió las manos hacia adelante y de la luz me hizo una nueva cabeza. Jamás olvidaré esta lección, ya que fue muy dolorosa físicamente y durante las dos semanas siguientes estuve con el cuello rígido y entumecido.

En esta lección aprendí que tenemos que controlar nuestros pensamientos cuando comenzamos a redescubrir nuestra magia y, por tanto, nuestro poder, ya que nuestros pensamientos son poderosos. Nuestros malos pensamientos son percibidos por los demás y, solo porque estemos enfadados, no debemos enviar malas vibraciones a otros. Esto es lo que queremos decir cuando afirmamos que "todas las guerras se ganan en el corazón".

De Miguel aprendí que en ocasiones hay que luchar para mantener la paz, y me enseñó que a veces hay que renunciar a cosas para poder seguir nuestro camino. Ambas situaciones pueden ser dolorosas y muy poco agradables, e incluso aterradoras, pero nos fortalecen y nos dan valentía. Un gran maestro me preguntó una vez: "¿Quién representa la valentía? ¿A qué persona atribuirías tal importancia? A Jesucristo. Él representa la valentía y los valientes entre nosotros son sus discípulos... siempre y en todo momento".

Los años pasaron volando. Un día estaba realizando un viaje de trance con Uriel a mi lado otra vez, hacia mi espacio de fuerza interior, como siempre lo hacía, y como de costumbre miré mi muñeca. Rebosante de amor pensé: "Mi pequeño dragón rojo duerme tan plácidamente". De repente, abrió los ojos, ¡después de más de tres años! Me costaba creerlo. Quedé petrificada mirando al dragón. Y no solo porque hubiera abierto los ojos, sino porque también se movía. Retiró de mi vena la punta en forma de flecha de su cola. Unas gotas de sangre corrieron por mi brazo y cayeron al suelo como en cámara lenta. La pequeña herida se cerró ante mis ojos como por arte de magia, dejando una ligera cicatriz. Me incliné hacia delante para que el pequeño dragón rojo bajara de mi mano y, antes de que llegara al suelo, empezó a crecer y se hizo enorme. Me eché hacia atrás, apenas capaz de creer lo que estaba ocurriendo. Entonces giró su enorme cabeza hacia mí y miré sus brillantes ojos marrones. Aquello me conmovió tan profundamente que se me salieron las lágrimas, pues lo que vi fue amor. Me acerqué al dragón con los brazos abiertos y me recosté en su pecho. Me sentía muy feliz. Acabó siendo mi compañero por muchos años.

En el 2004 me mudé a Fráncfort y mi dragón, por supuesto, se vino conmigo, y descubrió su pasión por los túneles del metro. Nos unía un profundo amor. Todas las noches cuando me iba a la cama, me buscaba, emitía ruidos profundos como una especie de gorgoteo, olfateaba mi edredón y se sentaba satisfecho cuando veía que todo estaba bien. A veces dormía acurrucado delante de mi cama. Sí, era posible, y aunque solo cupiera su hocico, no importaba porque los dragones no habitan en un mundo material como nosotros, así que la pared de la casa no existía para mi dragón.

Experimenté muchas cosas con mi dragón rojo, me mostró el interior de la madre Gaia. Nos deslizamos juntos por las cámaras de magma de este mundo, los lugares de mayor poder que he conocido. Magma rojo brillante, tan rojo como mi dragón. De vez en cuando volábamos hacia las estrellas para disfrutar de la vista más espectacular que puede haber: la tierra, nuestro planeta azul. Ver a la madre Gaia en su abrumadora belleza y plenitud me emociona hasta llorar.

De mi dragón rojo aprendí lo que significa la belleza, que es eterna y siempre está vinculada al amor. Ha llenado mi corazón de paz y me ha dado una fuerza irresistible. Nuestra despedida tuvo lugar en el 2008 y fue terrible. Pasé semanas llorando. No quiero entrar en detalles porque no sé cómo explicarlo. Pero hay algo que me gustaría decir: el dragón dio su vida para salvar la mía.

El dragón fue mi amigo, mi amor, mi salvador.

Mis pensamientos me atormentaron durante meses. ¿Acaso fue culpa mía? Ahora entiendo que esa era la tarea del dragón y que solo por eso había venido a mí. Ahora sé que la propia reina había enviado al dragón para protegerme, para que nada ni nadie pudieran interponerse en mi misión. Hoy el lado oscuro tiembla de miedo ante mi presencia, me he liberado del miedo y estoy más fuerte que nunca.

Meses después de haber perdido a mi dragón rojo, comencé a pensar que ya era hora de buscar un nuevo animal de poder. Como no me fiaba de mí, pues la nostalgia por mi dragón rojo era demasiado grande, concerté una cita con un maestro espiritual para encontrar un animal de poder. Mirando hacia atrás, la cita fue mucho más provechosa de lo que había previsto. El maestro me llevó en trance a otro mundo. Seguí el camino que se abría ante mí y llegué a un enorme lago, un lago que ejercía una atracción mágica en mí. Sabía que tenía que sumergirme en él, así que entré y miré al fondo.

Allí vi a un viejo dragón negro. Se hallaba cautivo en las profundidades del lago. Cuando lo encontré estaba débil y atado con gruesas cadenas a una roca debajo del agua. Me horroricé al verlo. Yacía inmóvil ante mí, las anchas argollas de hierro con sus pesados candados presionaban la carne de sus piernas. Sentí rabia en mi interior. ¿Quién podría hacer algo así y cómo podría liberar al dragón? Los pensamientos se agolpaban en mi cabeza. "No tengo la llave", pensaba, "no puedo abrir estos candados, no tengo la llave". Pero mi fuerza aumentaba con la rabia, y entonces tuve una idea, serena pero poderosa: ¡no necesito una llave! Algo me invadió por dentro, me arrodillé sobre el lecho del lago, extendí mis manos y toqué las esposas de sus pies. Un solo toque de mi mano bastó para que las cadenas se pulverizaran. Las heridas del dragón eran profundas y noté que tenía un agujero en su ala izquierda. Lo llevé hasta la orilla y le dije que allí podía recuperarse. En ese momento ignoraba que aquel dragón negro fuese mi compañero espiritual.

El dragón quedó atrás en el lago, debilitado, pero libre. Me marché, aún en busca de mi animal de poder. Al salir miré hacia abajo y vi que llevaba un vestido largo de color azul oscuro, muy sencillo y bastante antiguo. También llevaba sandalias y una capa gris. No era la ropa que llevaba cuando entré al lago para ayudar al dragón. A lo lejos pude ver un ciervo blanco que me miraba. Algo que me era muy familiar se agitó en mi corazón, un vago recuerdo que evocaba aquel fatídico encuentro. Regresé de mi viaje de trance a la sala en la que había estado sentada junto a aquella mujer blanca.

Abrimos los ojos y ella me miró y me dijo: "Tú lugar está en Ávalon".

Semanas más tarde, al regresar a casa, intenté acercarme al ciervo blanco porque creía que ese sería mi nuevo animal de poder. Por supuesto que no lo conseguí, pues ese no era mi animal de poder sino un recuerdo de otras épocas. En aquel momento no podía comprender su importancia.

El dragón negro se recuperó y fue a mi encuentro. Al principio yo no estaba muy contenta de que el dragón estuviera a mi lado, pues era silencioso y daba un poco de miedo, pero poco a poco nos hicimos amigos. Quedé impactada cuando supe cuál era la tarea del jinete de un dragón negro. Mi dragón negro lleva una jáquima y riendas doradas. También sentí una profunda conexión en nuestros corazones.

Hemos estado conectados durante varios años, y ahora no podría concebir la vida sin mí dragón negro (su nombre es simplemente Negro). Mi vida ha cambiado con Negro, y he crecido con su presencia en mi aura. Ha traído felicidad, paz y plenitud a mi vida. Somos un equipo que une al hombre y al dragón. Negro es el guía espiritual que la fuente puso a mi lado cuando fue creada mi alma. En ese momento se me encomendó una tarea, una tarea que está más allá de la ilusión. Es la tarea de mi alma, Negro y yo somos dos guerreros cargados de luz al servicio del amor hasta el fin de los tiempos, y más allá.

NEGRO

Y así fue como llegué a conectarme de corazón a corazón con mi guía espiritual para renovar una vieja alianza, y desde entonces me ha vuelto a mostrar el camino. Negro me ha llevado al espejo de la verdad que se encuentra en el templo dorado del dios sol, para que pueda reconocerme. Me veo como una mujer de cabellos largos y negros, con un vestido negro y una espada ancha y pesada con empuñadura de oro. El viejo cinturón de cuero marrón del que cuelga mi espada es demasiado grande para mí. Sé que estoy custodiando la espada para un guerrero, para cuando este vuelva a luchar a mi lado por amor. Bajo el vestido llevo pantalones ajustados y veo que voy descalza. Puedo ver claramente el anillo de boda que llevo en el dedo anular izquierdo desde que parí al pequeño dragón rojo a través de mi corazón.

Gracias a Negro he podido escribir este libro sobre dragones, y él también me ha permitido renovar mi conexión con Merlín, de ahí mi libro: *A Conversation with Merlin*. Luego comenzaron los primeros talleres sobre dragones. Negro nunca se apartó de mi lado. El lado oscuro intentó atacarme varias veces, pero, con un cazador de sombras a mi lado y con mi nueva fuerza inquebrantable y luminosa, ya no pudo asustarme. Una médium me dijo una vez:

"Siempre hay que contar con que el lado oscuro intentará atacarte. Si vives al máximo de tu potencial tienes el poder de proclamar el fin de la ley del miedo, para que así pueda volver la ley del amor y, por consiguiente, la era dorada". Ya no tengo miedo.

Se puede llevar una vida carente de sentido durante muchos años, de ti depende decidirte a cambiar esa situación. Yo llegué a un punto en el que decidí hacer algo para darle sentido a mi vida. Tal vez hoy se trate de una pequeña semilla, pero dentro de cien años podría convertirse en un poderoso árbol. Quiero hacer lo que esté a mi alcance para que este mundo vuelva a ser el jardín del Edén que una vez fue. Negro me ha hecho conocer el mundo de los dragones. Primero me llevó con el rey dragón, Oisín, un gigante marrón y el más viejo de los dragones. Oisín es el primero. Reconocí la bondad y el amor infinito de la fuente divina en los ojos marrones del rey dragón. Los viajes para ir a verle eran siempre asombrosos. Oisín generalmente no me hablaba, yo simplemente estaba presente. Me mostró su esmeralda sagrada, el manantial sagrado cerca de su cueva, y después de unos meses me permitió seguir el camino dorado de la iniciación. Fue un gran regalo. A menudo me quedaba parada en medio de la gran plaza frente a la cueva del rey, rodeada de cientos de dragones.

Los dragones iban y venían. Era como si todos quisieran verme. Una gran mayoría se inclinó ante mí y vi una chispa de poder en los ojos de muchos. Fue un momento emocionante. Al cabo de un tiempo vino a verme Alba, la reina dragona, y me invitó a visitarla. Llegó durante una terrible tormenta. Yo conducía por la autopista y caía granizo sobre mi auto. Llena de miedo, grité con fuerza: "Negro, te necesito ya". Lo sentí a poca altura por encima del auto. De repente, el oscuro manto de nubes se deshizo y vi una gran dragona blanca que resplandecía y brillaba en el cielo. Oí su voz en mi cabeza, pero por desgracia he olvidado lo que dijo. Negro me llevó a ella, ¡qué viaje tan mágico y fascinante! Alba es tan blanca como la nieve recién caída y brilla y resplandece a la luz. Es portadora de una vibración de amor tan elevada que por un momento me dejó sin aliento. El amor que encarna Alba es algo que hemos olvidado aquí en la tierra. Conocemos la palabra y la utilizamos, pero lo que sentimos es solo una pequeñísima parte en relación con las posibilidades. Ella me dio esperanzas de poder lograr cambios, de llevar el amor de los dragones a la gente, de dejar un legado para un nuevo mundo de paz en el futuro... No sé exactamente cómo, pero Negro y yo tenemos tiempo, si no en esta vida, será en otra. No hay que rendirse.

Mi amor por Negro se hizo cada vez más fuerte, lo que le permitió influir cada vez más en mi vida en el aquí y el ahora. Me gustaría relatar la que probablemente sea la historia más alucinante. Juro que cada palabra es cierta y que sucedió exactamente así.

Alrededor de las 7 p. m. de una preciosa y calurosa tarde de verano, estaba parada frente a un semáforo peatonal en una calle de tres canales esperando a que la luz cambiara a verde para que tanto yo como otras personas pudiéramos cruzar. En total había otras cinco personas, dos a mi lado y tres en la acera de enfrente. Todos teníamos la mirada puesta en el semáforo en rojo y de repente sentí a Negro a mis espaldas. Estaba extendiendo su energía para envolvernos a todos y desconectarnos. Fue exactamente como si nos hubieran desenchufado. Los pensamientos deambulaban como locos por mi cabeza. ¿Qué estaba ocurriendo? El semáforo cambió a verde y nadie se movió. Todos nos quedamos como paralizados y mirando el semáforo en verde. De repente, un auto pasó a toda velocidad. Negro retiró su energía y todos empezaron a cruzar. Nadie dijo nada, nadie se había enterado de nada. Nadie gritó al conductor del auto, como normalmente hubiera ocurrido. Siguieron su camino en silencio. Solo yo me detuve un poco más adelante y, poco a poco, fui cayendo en cuenta de lo que acababa de presenciar...

Posiblemente Negro me había salvado la vida.

Negro me hizo rememorar la época de Ávalon y así escribí mi libro *Morgaine,* en un trance. Este libro liberó muchas cosas en mi interior y al mismo tiempo hubo mucha sanación dentro de mí. Ahora tengo una mejor comprensión sobre algunas cosas, me comprendo a mí misma y comprendo mi propia vida. Todo se hace más claro con cada respiración. El círculo se está cerrando, y apenas estoy comenzando.

VIAJE DE TRANCE

Podrás encontrar a tu dragón personal en el viaje de trance que a continuación te presento. Es mejor si te lo leen despacio. Busca un lugar adecuado para el viaje y enciende al menos una vela. Purifica tu espacio con incienso (o con la fragancia que más te guste) y pon un CD que te ayude en la meditación y en los viajes de trance, preferiblemente de música relajante, y sin voces, y que dure al menos 45 minutos.

Si dispones de una piedra mágica que utilices para otros rituales, sostenla en tu mano izquierda. Forma un círculo mágico protector a tu alrededor, ponte cómodo, recuéstate y visualiza que respiras una luz azul. Inhala y exhala un azul zafiro brillante, y llena tu aura con él. Hazlo por varios minutos. Conéctate a tierra como siempre haces, tal vez deja que crezcan raíces desde tus pies hasta las profundidades del suelo. Visualiza una columna de luz que sale del suelo a tu lado y se extiende hacia la eternidad del universo. Ten en cuenta que hay partes de ti que van a emprender un viaje para encontrarse con ese dragón que será tu maestro en un futuro próximo. Ha sido tu guía espiritual desde el principio de los tiempos. Lentamente, muy lentamente, libera de tu cuerpo esa parte de ti que está cargada de luz, la parte que está a punto de emprender el viaje.

Tu rostro se despegará de tu rostro, tus hombros se desprenderán de tus hombros, tu torso se elevará, tu parte trasera se separará de tu parte trasera y te pondrás de pie. Las partes iluminadas de ti están ahora de pie junto a tu cuerpo. Sé consciente de ello y mírate acostado allí. Tu cuerpo está protegido por la luz azul zafiro o por tu círculo mágico de protección, así que no te preocupes por dejar el cuerpo atrás. Camina hacia la columna de luz sabiendo que pronto verás tu dragón. Siente la fuerza que te envuelve y te sube por la columna de luz. Entrégate a esa fuerza de atracción. Flota hacia arriba, ligero como una pluma en el viento, rodeado de luz blanca, cada vez más alto. Elevado como por cientos de manos angelicales. Entonces da un paso al otro lado de la columna de luz. Estás de pie en un valle verde, en una ligera pendiente, y al lado de tu columna de luz hay un árbol. Míralo de cerca. ¿Qué tipo de árbol es? ¿Tiene hojas, flores o tal vez frutos? Observa el árbol y luego tus pies. Concéntrate en ellos, es importante para tu llegada. Siente el suelo bajo tus pies y deja que los dedos de tus pies jueguen con la hierba. Siente con qué firmeza pisas el terreno sólido. Mira a tu alrededor. Observa el cielo azul, es verano.

Ahora corre, desciende por la ligera pendiente hasta llegar a un camino estrecho. Gira a la izquierda y sigue el camino. Atravesarás un valle. Un pequeño arroyo cruza el camino balbuceando suavemente, tienes que saltar para llegar al otro lado. ¡Salta! Sigue adelante. Llegas a un bosque joven y muy luminoso.

Te adentras en ese hermoso bosque observando los rayos de luz que el cálido sol proyecta a través del follaje. Pasas junto a un viejo tronco que no esperabas encontrar allí. Échale un vistazo. Un rayo cayó una vez sobre ese viejo y venerable árbol, y dejó a su paso una extraña escultura. Una escultura de Dios, es hermosa.

Mantente en el camino, el bosque luce cada vez más denso y ancestral. El aire de este mágico bosque es revitalizante y aromático. Sigue adentrándote en el bosque sin desviarte nunca del camino. El camino termina abruptamente en un alto muro de rocas que se eleva por encima de ti. Coloca la mano derecha sobre la roca fría y camina a lo largo del muro, toca la roca con la punta de los dedos de tu mano derecha. Recuerda que has venido a encontrarte con tu dragón. Ya está cerca. Siente la emoción, la expectación y la alegría en tu corazón. Sigue avanzando por el muro de rocas. Al cabo de un rato llegarás a un pequeño y estrecho barranco. Sobre tu cabeza puedes ver una franja del cielo azul estival y sentir la energía de tu dragón en tu corazón. Sabes que tienes que escalar la roca, las raíces y las piedras salientes te ayudarán. Trepas y sales del barranco. Ahora estás parado sobre un altiplano y puedes ver el valle a lo lejos. Puedes apreciar el camino que has recorrido, el arroyo, el árbol y la columna de luz que te está esperando. Quédate ahí, en silencio y en paz, y mira el cielo azul. Tu dragón se acerca por detrás. No voltees, el dragón se acercará a ti. Sigue de pie, en calma, y espera antes de anunciar con tu voz interior: "¡Estoy listo!". Repite estas palabras dos veces.

Ahora sientes una ráfaga de aire caliente detrás de ti, pero no voltees. Concéntrate en tu corazón, deja que fluya el amor. Siente el aliento caliente de tu dragón en tu espalda. Quédate quieto, en calma. Tu dragón está detrás de ti. Siente su presencia, su poderosa energía caliente. Está parado justo detrás de ti, puedes sentir su corazón. Dile con tu voz interior que estás preparado. Te tocará suavemente en el hombro derecho. Esa es la señal.

Da unos pasos hacia adelante y luego voltea. Mira a tu dragón, su enorme tamaño y su poderosa aura. Tómate tu tiempo, observa sus patas delanteras, su amplio pecho. Levanta tu cabeza y examina su cabeza de cerca. El dragón baja su poderosa cabeza hacia ti y tú le miras a los ojos y reconoces el amor infinito que hay en su interior.

Este es tu dragón, tu compañero. Siente el profundo amor que los une. Míralo de cerca, la curvatura de su cuello, su espalda, sus patas traseras, sus poderosas alas. Camina despacio alrededor de tu dragón y obsérvalo de cerca, hasta la misma punta de la cola.

Ahora ponte delante de tu dragón y mira su pecho. Observa como allí se forma un vórtice de energía plateada y como un hilo plateado y luminoso parte de ese vórtice y se dirige hacia ti. Ha llegado el momento. Deja que en tu corazón se forme también un vórtice plateado de energía y que de tu corazón salga un hilo plateado y luminoso. Estos dos hilos plateados se encuentran en el espacio que hay entre ustedes, se unen y entrelazan formando una espiral. Ahora abre bien tu corazón y lleva el hilo plateado de amor desde el corazón del dragón hacia ti. Siente ese amor infinito que es más antiguo que cualquier forma de vida, un amor de otro tiempo, más antiguo que la madre Gaia, poderoso y puro.

Tu dragón también abre su corazón y recibe el hilo plateado desde tu corazón. Tu amor lo invade. Mira cómo echa la cabeza hacia atrás, escucha el grito de tu dragón. Cómo extiende sus alas hacia ti. Siente tu felicidad y siente las palabras de su corazón: "Mi jinete ha vuelto". Nadie puede romper el hilo plateado de amor, están unidos para la eternidad. El vínculo ha sido renovado. Ambos recogen el hilo plateado con cuidado y llega el momento de emprender el viaje de vuelta. Despídete de tu dragón por ahora, despídete como quieras, con una reverencia, un abrazo o incluso con un beso.

Vuelve al barranco rocoso y desciende. Es hora de regresar, regresar, regresar...

Cuando hayas bajado hasta el final, estira la mano izquierda y toca la fría piedra del muro de rocas. Continúa por la pared rocosa y siente la piedra con la punta de los dedos de la mano izquierda. Podrás ver frente a ti el camino que conduce al denso y milenario bosque. Siente la magia omnipresente que te rodea. El bosque se hace cada vez menos denso y ancestral, y el camino vuelve a pasar junto al viejo tronco del árbol en el que una vez cayó un rayo. Sigue el camino y sal del bosque. Atraviesa el verde valle, salta el estrecho arroyo y sube la ligera cuesta hasta la columna de luz que espera por ti. Levanta brevemente la vista hacia el cielo azul estival y observa como tu dragón planea en lo alto, majestuoso, sereno y poderoso. Están unidos para toda la eternidad. Ahora da un paso hacia la columna de luz y ríndete a la fuerza que se apodera de ti al instante, y te arrastra hacia abajo. Desciende entregándote a la luz blanca. Desciendes suavemente, cada vez más profundo, tan ligero como una pluma en el viento, rodeado de luz blanca. Sal de la columna y regresa al aquí y ahora, vuelve a tu sala. Suavemente y despacio, devuelve a tu cuerpo las partes de ti que hicieron el viaje. Siente cómo se reconectan con tu cuerpo tus pies y tus piernas, han vuelto y se remplazan entre sí, siente cómo tu torso está de regreso en tu cuerpo, cómo tu rostro también se funde perfectamente con tu rostro. Dirige tu atención a la columna vertebral y conecta cada vértebra de abajo a arriba. Sé consciente de cómo se unen, como si cerraras una cremallera. Respira profundo unas cuantas veces y, cuando estés listo, abre los ojos a un nuevo futuro. Un futuro con un dragón a tu lado, sin miedo y lleno de amor, sabiduría y magia. Ahora depende de ti qué hacer de él. De ti depende la vida que le infundas a tu dragón. Conéctate con él todos los días, háganse amigos inseparables. Llévalo a todas partes y dale siempre las buenas noches al acostarte. Dile cuánto lo amas todos los días y prepárate para una vida llena de milagros.

EL DRAGÓN BLANCO
DRAGÓN DE AIRE, LUZ O CRISTAL

Este dragón es de color blanco, madreperla o translúcido. Amo de los cielos, brilla intensamente y posee una elegante belleza. Aporta purificación y claridad, su resplandor ilumina los rincones más oscuros de tu ser para revelar dónde se encuentran tus sombras. Con amor y paciencia te enseña a aceptar esas sombras y a integrarlas en tu vida, ya que forman parte de ti. Reconoce que tú eres el creador de tus sombras. El dragón de luz ilumina el miedo que hay en ti y te arropa amorosamente con sus alas. Conéctate con su poder y prepárate para abandonar tus miedos, para que el poder del amor pueda fluir a través de ti y de tu vida. El miedo es lo contrario al amor, donde reina el miedo no hay lugar para el amor y, por tanto, el amor es el único poder que puede sanar. Así pues, ármate de valor y sigue a este ser maravilloso. Reconoce que es una parte de ti y acéptala.

Conviértete en jinete del viento y de la luz y reconoce tu propia naturaleza.

Para nuestros sabios ancestrales, para los druidas y hechiceros, el aire era el elemento maestro, el más difícil de dominar e imposible de comprender, tan inefable como el espíritu y los pensamientos. Todo está conectado por el elemento aire. Cuando te unes de corazón a corazón con

un dragón blanco, cuando se trata de una antigua unión recién renovada, recibes el don del dominio del elemento aire. El aire es respiración, y con cada respiración tu cuerpo le está diciendo sí a la vida. Tu cuerpo lo hace sin pedírtelo y normalmente ni siquiera piensas en que tienes que respirar para vivir. Aunque parezca que respirar es un acto cotidiano y poco espectacular, no deja de ser un milagro. El elemento aire nos enseña lo poderoso que es el mundo invisible.

El dragón blanco te llevará al lago de las lágrimas no derramadas que yace en tu interior. Libera esas lágrimas, concédete el tiempo para llorar todo lo que necesites. Aprovecha ese tiempo de purificación. Presta atención a tu dieta y no comas carne, no bebas alcohol y evita de forma categórica la nicotina. Regresa a la naturaleza y respira el prana. Busca la paz y la soledad y encuentra el poder de tu dragón. Limpia tu cuerpo encendiendo incienso o salvia, y suelta todas tus lágrimas. Cuando haya pasado ese tiempo, brillarás con la misma luz de tu dragón.

El dragón blanco viajará contigo a los antiguos lugares mágicos de poder; a las pirámides, a los templos incas, a los templos de la India, a todos los lugares sagrados del mundo. Aprende a sentir el poder de esos lugares. Tú eres la luz que les falta y necesitan para volver a brillar.

Tu tarea es volver a despertar esos lugares. Muchas de las antiguas columnas de luz que una vez brillaron sobre ellos fueron desactivadas hace muchos años, cuando el imperio del amor tuvo que rendirse al imperio del miedo. El dragón blanco y sus jinetes pueden reactivar esas columnas de luz. Cuando tu corazón ya no albergue más lágrimas, bastará con un simple toque de tu mano. Lo mismo ocurre en todos los lugares sagrados, y nuestro corazón también es un lugar sagrado. Un simple toque nos libera. Así que ve y toca esos corazones que estén llenos de sufrimiento y cambia el sufrimiento por amor.

Es frecuente ver juntos un dragón blanco con uno negro, sus jinetes son compañeros desde tiempos inmemoriales. Están unidos en su propósito: el ascenso de la madre Gaia. Si hay un jinete de dragón negro del sexo opuesto en tu zona, reúnete con él. Puede que necesites de su ayuda para activar las columnas de luz. Examina atentamente los mapas para determinar dónde se encuentran estos templos antiguos y lugares sagrados. Medita con tu dragón y vuela a esos lugares, pero nunca hagas el viaje sin él. Ve y encuentra los lugares donde una vez brillaron las columnas de luz más poderosas de la tierra. Mantén siempre a tu dragón junto a ti y conéctate con él de corazón a corazón de modo que puedas adquirir sus mismos poderes mágicos. Pon tus manos sobre el lugar y pronuncia las siguientes palabras en voz alta y poderosa: "Yo, (tu nombre), decreto el orden divino para este lugar sagrado. Que el poder mágico del amor brille a través de mí, mientras pronuncio el orden para este lugar sagrado. El orden divino es restaurado en este lugar a través del poder de la magia y del poder luminoso de mi dragón. Columna de luz, actívate una vez más, ¡ahora! Que así sea".

Durante este ritual, deja que la luz fluya desde tus manos. Mantente en el lugar por un tiempo para que puedas cargarte de poder a través de la columna de luz. Lo necesitarás, ya que aún te queda mucho por hacer.

Cuando estás profundamente conectado con tu dragón, cuando realmente son uno, el poder que fluye de tus manos es tan poderoso como el soplo de Dios.

EL DRAGÓN NEGRO

El dragón negro es un luchador y uno de los verdaderos guerreros de la luz. Como todos los dragones y sus acompañantes humanos, es amante de la paz. Sin embargo, cuando es necesario y para proteger a los demás, está dispuesto a luchar. Valiente y desinteresado, luchará por la luz hasta el final si es necesario. Aunque no es especialmente grande, el dragón negro es extremadamente rápido y ágil. Sus alas tienen una gran envergadura, lo que le permite planear en silencio durante largos períodos. Los dragones negros son cazadores de sombras, sus jinetes no les temen a las sombras. Aunque ahora no lo puedas creer, ese mismo poder está también en tu potencial. Cuando se trata de proteger nuestro planeta, eres tú quien enfrentará los demonios y se pondrá manos a la obra. Los jinetes de dragones negros están dispuestos a todo para proteger a nuestra gran madre o a la reina, o a cualquier otro que necesite protección, pero también son sabios y utilizan su gran fuerza con sensatez. Son guerreros silenciosos, para ellos el silencio tiene más valor que la palabra. El dragón negro y su jinete meditan juntos. Conocen sus dones, conocen el secreto de su conexión.

41

Este equipo de jinete y dragón se dedica a servir al amor como nadie. El dragón negro y su jinete poseen la capacidad de adentrarse en el mundo de las sombras. Pueden penetrar en zonas que permanecen ocultas para los demás. Cuando viajan juntos, se liberan del pensamiento colectivo, de los juicios y las condenas. Reconocen todo en su verdad divina.

El dragón negro te enseñará que existe un orden divino en el silencio profundo de tu corazón que te conducirá al camino dorado de tu alma y a cumplir tu destino. Te enseñará la certeza de que existe un orden divino en todo y que es tu tarea restaurarlo o mantenerlo en toda la galaxia. Medita con tu dragón negro y practica el vuelo con él cada vez que puedas. Esto no es tan sencillo como con los otros dragones, ya que los dragones negros pueden volar hasta tres veces más rápido. Tendrás que trabajar en tus reacciones, ¡pero es muy divertido! Tu cuerpo debe ser flexible, así que haz algunos ejercicios y estiramientos. La energía fluye libremente por el cuerpo cuando este es flexible, y solo un cuerpo flexible es capaz de reaccionar con rapidez. El dragón negro enseña a sus jinetes que hay que renunciar a todo lo superficial, y a dejar atrás a los amigos que no sigan este camino. Enseña que a veces es necesario separarse de todo aquello que nos mantiene limitados en un nivel inferior.

Hay que dar cada paso con valentía. El dragón negro enseña que a veces la soledad puede ser el precio que debemos pagar por seguir nuestro camino, y que la soledad no es nuestro destino sino un tramo temporal en el camino. Encontraremos a nuestros compañeros. Los que van a lomos de un dragón, los valientes, esos son los compañeros que nos aman porque entienden. Algunos dragones negros fueron seducidos por el lado oscuro. Puedes reconocerlos por sus arneses tejidos con polvo de oro por las delicadas manos de elfos. La magia de los elfos radica en esas finas jáquimas y riendas, que nada ni nadie pueden romper. Este delicado arnés mantiene al dragón bajo control y amansa su salvajismo. No se lo quites nunca, utiliza el conocimiento de este dragón para explorar las sombras, incluyendo tus propias sombras. Estúdialas, como, por ejemplo, la mentira. ¿Qué causa la mentira en nosotros? ¿Por qué tanta gente miente? ¿Crees que una persona que esté libre de miedo tenga necesidad de mentir? Intenta entender nuestras adicciones, tales como beber y fumar. ¿Por qué hacemos daño a nuestros cuerpos? ¿Por qué no los amamos y respetamos? Trata de entender. Reconoce el poder de las sombras y sus distintos rostros. Solo quien conoce las sombras y los demonios puede ser un cazador de sombras. Hay sombras en todas partes, comprendamos que solo la luz brillante del amor tiene la fuerza suficiente para desterrar la causa de la existencia de las sombras: el miedo.

EL DRAGÓN SOL DORADO
(TAMBIÉN DE COLOR AMARILLO O NARANJA)

El dragón sol despertará al creador, al soberano y al mago que hay en ti. El dragón sol suele ser de color dorado, aunque todos los dragones de color amarillo o naranja son dragones sol. Este enseña que nada es imposible. Comparte mucho tiempo junto a tu dragón sol y activa tu centro de poder. Este dragón dorado y brillante es especialmente grande. Te insta a viajar con él bajo la brillante luz del sol. Antiguamente el sol era considerado un dios en el planeta, ya que creaba la vida, y esa misma característica la tiene el dragón sol. Es señorial y exige respeto. Te reta a que te des tu puesto y te unas a los líderes. No permite que la gente te irrespete.

Un rey o un soberano representa orden, claridad y realidad, y esto es lo que enseña tu dragón. Tienes una profunda conexión con el dios sol y, por tanto, con todas las culturas solares y su magia. Como portador del cetro, llevas el anj, la cruz del renacimiento. Es el símbolo del devenir y de la muerte. El anj está asociado a la cultura egipcia, aunque es mucho más antiguo. Se utilizó por primera vez en la Atlántida y encierra una magia profunda y largamente olvidada, una magia poderosa de una época en la que solo podían ser reyes personas espiritualmente

elevadas, época en la que solo a los iniciados se les permitía gobernar, para bien de todos.

Mantén este dragón a tu lado y sigue el camino dorado de tu alma hasta llegar a tu destino. Este maravilloso dragón aportará fuerza, sabiduría y belleza a tu vida. El dragón sol une todo aquello que debe estar unido y crea una conexión entre el mundo espiritual y los seres humanos. Desea que encuentres a tu pareja espiritual. Cuando te conectas con un dragón sol tu poder mágico se duplica, pero, cuando te conectas con tu pareja espiritual y con tu dragón sol, el poder mágico que comparten se multiplica. Entonces podrán realizar milagros juntos.

Cuando el rey y la reina recorran juntos su camino dorado, la tierra será fértil. Todo brillará y resplandecerá, pues reinará el amor. La llamada zona dorada se encuentra entre el plexo solar y el chakra del corazón. Medita con tu dragón sol, colócate frente a él y pídele que active esa zona dorada. Acércate a tu dragón sol y pon tu pecho sobre su pecho. Concéntrate en tu zona dorada, entre el plexo solar y el corazón. Pide a tu dragón que te transfiera energía, y siente cómo te invade una energía caliente. Siente cómo toda la rigidez y endurecimiento de esa zona se ablandan y dan paso al poder del sol. Siente cómo se disuelven las estructuras que te impiden ser la persona que realmente eres y siente el poder del dragón en ti. El dragón sol te enseña a ser sabio y a utilizar todos tus poderes con prudencia y sabiduría. Recuerda siempre que no debes interferir en las experiencias deseadas por otra alma sin permiso.

Medita de nuevo con tu dragón sol y viaja con él hacia el sol. Te llevará a un templo solar en el que se ocultan muchos secretos. Tómate tu tiempo y cuando llegues, observa el templo. Ten consciencia de ti mismo en ese entorno. En el templo solar encontrarás el espejo de la verdad. Párate delante del espejo y observa cómo te ves cuando has sido despojado de toda ilusión. Observa cómo eres en "realidad". Contempla cómo te ves cuando dejas atrás todo artificio, cuando expandes el poder del creador que hay dentro de ti. El espejo también puede revelar cuál es tu tarea. Observa todo lo que puedes hacer cuando te conviertes en el creador de tu vida y lleva esta imagen a lo más profundo de tu corazón. Conéctate a diario con este maravilloso dragón y conviértete en el rey o la reina, el mago o el sumo sacerdote que eres y que siempre has sido.

En el templo del dios sol vive un antiguo dragón dorado cuyo nombre es Essshrah. Es el dragón de Ra, el dios del sol. Essshrah es gigantesco. Cuando vuela se puede observar que sus alas son dos llamas y que su cuerpo está cubierto de grandes escamas doradas. Este dragón lleva en su interior la energía del origen de toda forma de vida y puede conectarte con esa energía, pero no puedes llamar a Essshrah, él llegará a ti y a tu dragón cuando estés preparado para recibir esa vibración. Cuando seas tan fuerte como tu dragón y cuando tú y tu dragón sean en verdad uno, Essshrah aparecerá. En ese momento te guiará a ti y a tu dragón hacia tu fuente y hacia la tarea espiritual que se te encomendó cuando fue creada tu alma.

EL DRAGÓN LUNA PLATEADA

El dragón luna plateada contiene la energía de la luna. Representa el principio de lo femenino y de la gestación, lo cual se fundamenta en el liderazgo divino. El dragón luna plateada ama la noche y la luna llena. Conoce de cerca el poder de la luna y te enseña a utilizar este poder en tus rituales. Sin embargo, también enseña que la noche de luna nueva pertenece al lado oscuro del ser y, por tanto, no se realizan rituales durante esa noche. El dragón luna plateada te muestra el respeto que se le debe a todo lo que existe y te revela que no hay nada que no tenga derecho a existir. Comprender esto indica que estás convirtiendo el conocimiento en sabiduría. El dragón lunar despierta al sacerdote o sacerdotisa que hay en ti y viajará contigo a Ávalon, la isla de las manzanas. Es también el guardián del conocimiento secreto de la belleza, la Venus que llevas dentro. La belleza es un don de la creación y se nos da a todos. El dragón luna plateada te permite ver que la belleza es eterna, no conoce el tiempo ni el espacio, y se encuentra en todo lo que ha sido tocado por el soplo de Dios. Entiende que el tiempo no existe. Este amable dragón te enseña a dejar que los acontecimientos ocurran y sigan su curso sin interferencias precipitadas. Te enseña a confiar. Aprende a no ser divisivo ni a juzgar. Comprende que vivimos en un mundo dual y que es importante no ser ambiguo, ni sesgado. La sabiduría del dragón de la luna es la sabiduría de la diosa luna. Él preserva

49

el conocimiento de que solo al aceptar tanto lo bueno como lo malo, los dos extremos de la balanza, puede crearse el todo. Acepta que hay luz y oscuridad en este mundo y deja que la sabiduría de tu dragón fluya a través de ti.

Un jinete de un dragón luna plateada se entrega al servicio de la diosa luna y, por tanto, está ungido con el poder del elemento agua, con el aspecto fluido y suave del agua y su fuerza indómita, y con su energía dadora de vida. El agua es la cuna de la vida y la sanación. El alma humana se refleja en las profundidades del agua y puede verse a sí misma en ellas. Has sido bendecido con esta criatura mágica. Dale a tu dragón todo tu amor. Esto alimentará a tu dragón y lo despertará a una vida cada vez más grande.

Acompaña a tu dragón al mundo de tus antepasados y fíjate en quiénes fueron tus sacerdotes y sacerdotisas. Observa a los seres que están detrás de ti, esos seres que fuiste en el pasado. Lleva esa magia y ese conocimiento de vuelta a lo profundo de tu corazón y habla con aquellos que necesiten de tus palabras, como cuando tú lo hacías, pero siempre con sabiduría y humildad.

El dragón de la luna es sensible a la luz y evita el resplandor del sol. Le gusta el frescor y adora la noche. Viaja con él a las estrellas y déjate caer. Entrégate por completo y observa lo que ocurre cuando no haces nada, cuando no piensas nada, cuando simplemente eres, así tu corazón se elevará y rebosará humildad. Sumérgete en la luz plateada de la luna y conviértete en el sacerdote o sacerdotisa que eres y que siempre fuiste. El dragón de la luna te iniciará en los secretos y portales del crepúsculo. Te mostrará los puntos de acceso a otras dimensiones y te revelará no solo el lugar, sino también el momento adecuado. El dragón de la luna alcanza su máximo poder en el momento en que la noche toca al día, y no se le oculta nada. Medita con este maravilloso dragón y conéctate a él a través de tu tercer ojo. Quiere enseñarte a percibir lo que no se puede ver con los ojos físicos. Ten paciencia porque puede tomar tiempo. Pasea con tu dragón al atardecer, en la naturaleza. Acércate a un arroyo. Pídele a tu dragón una piedra pequeña y búscala en el arroyo; déjate guiar por tu corazón. Cuando hayas encontrado la piedra, cógela con dos dedos y sostenla delante de tu tercer ojo. Conéctate con el dragón de la luna y pídele que llene esa piedra con su poder para abrir tu tercer ojo.

A continuación, realiza el siguiente ejercicio en tu casa: coloca la piedra sobre tu tercer ojo y pide ayuda al dragón luna plateada. Pon una música agradable, mira al techo y gira los ojos en el sentido de las agujas del reloj, como si intentaras dibujar un gran círculo con la mirada. Haz este ejercicio durante siete minutos.

Cuando hayas terminado, cierra los ojos, relájate y repite el ejercicio dos veces más. Otra alternativa es hacer el ejercicio con un pequeño diamante en bruto. Cuando tu tercer ojo despierte, recuerda que lo primero que "reconocerás" es a ti mismo. Dirige tu mirada hacia tu interior. Únicamente en noches de luna llena, cuando tu dragón plateado brille y resplandezca con su mágica luz, podrás ver el resplandor celeste del aura de tu dragón. Entonces tu dragón brillará con toda su vibración y fuerza, profundamente conectado con la fuente divina de toda existencia. Entra en la pálida luz azul de tu dragón, apoya tu frente contra la suya y pide con tu voz interior orden divino para ti, tu cuerpo y tu espíritu. Repite en voz alta y clara: "Hágase tu voluntad a través de mí". Siente cómo la pálida y fría luz azul entra en ti a través de tu tercer ojo y te invade por completo.

EL DRAGÓN TIERRA ROJA
O DRAGÓN FUEGO

El gran dragón de fuego es seguramente el dragón que más ama a la gente. Tiene una profunda conexión con nosotros y también con la madre tierra. Su poder especial no es su capacidad para volar, sino la de llevarte a las entrañas del planeta, sumergiéndose en el magma. Allí apreciarás una belleza increíble, magma brillante en varios tonos de rojo, cálido y relajante para el cuerpo. Este es el regalo de tu dragón. Te pone en contacto con tu cuerpo. El dragón quiere enseñarte a respetar tu cuerpo. El cuerpo es el templo del alma y también su expresión. El dragón rojo o fuego quiere recordarte que eres el responsable de ese templo, que debes cuidarlo, nutrirlo y protegerlo. El dragón quiere enseñarte que solo un cuerpo sano y flexible puede sentirse bien y ser receptivo a las energías sanadoras. Te enseña que sentir y percibir son formas de conocimiento intuitivo. Si tus sentimientos están bloqueados u obstruidos por el sufrimiento y el dolor del pasado, o por el abuso y las ansiedades que has experimentado, tu acceso al conocimiento místico estará vetado. Pide a tu dragón que te libere de todas tus experiencias negativas y del "equipaje" que han dejado a su paso. Abre todos los canales y sumérgete en el magma, que es la sangre de la madre Gaia. Suelta todo y recibe sanación.

El bienestar de la tierra es igualmente importante para el dragón tierra roja, se comunica con nuestro planeta y también quiere enseñarnos a comprender la madre Gaia. Te aportará vitalidad y conexión a tierra y te mostrará lo que realmente es el lado material de la vida, el renacimiento espiritual, la fuerza y el crecimiento espiritual. Como criatura a la que le gusta el afecto físico, necesita de tu atención, de ser tocado y acariciado. El dragón fuego siempre se te acerca justo antes de irte a la cama y te da las "buenas noches" en un tono amable. Protege tus sueños y tu sueño. Le encantan los túneles del metro, los aparcamientos subterráneos, las estaciones de tren y, por supuesto, las cuevas.

Como el dragón tierra roja suele ser el primer dragón que se deja ver, es ideal para los "principiantes". Es un dragón familiar e infantil, la versión dragón de un perro labrador. Siempre le gusta participar y protegerá la casa, el jardín y a las demás mascotas. Acompaña al dragón fuego por las calles de tu ciudad y trata de conectarte a él, de corazón a corazón y de chakra raíz a chakra raíz. Conéctate al dragón con un hilo rojo y caliente, tan caliente como el magma de la madre Gaia. Luego intenta ver todo lo que te rodea a través de sus ojos y reconoce la belleza que hay allí. Cambia tu forma de ver las cosas, no te fijes solo en lo que no te gusta, enfócate en las cosas verdaderamente hermosas, aunque solo sea un matojo de hierba que se abre paso en el asfalto de una carretera. Arrodíllate ante ese matojo de hierba y observa el amor de Dios que hay en él. Observa la magia de la naturaleza, y también la tuya. Dondequiera que se manifieste el amor de Dios, siempre habrá belleza. Esta es la ley, la ley de la creación, y tú eres parte de ella. Los dragones fuego son milenarios y rebosan bondad. Como guardianes del país, las personas y los animales, los reyes y los políticos suelen ir acompañados de un dragón de este tipo. El rey Arturo de Bretaña tenía como compañero un dragón fuego.

EL DRAGÓN ESMERALDA VERDE

Al dragón esmeralda verde le encantan los bosques. Los espacios cerrados le resultan difíciles de soportar y también aborrece el confinamiento. Por eso nunca le pongas un arnés ni nada que se le parezca a esta criatura tan amante de la libertad. Si un dragón esmeralda entra en tu vida, realiza una meditación de corazón con él. Visualiza un hilo de plata que los una a ambos, de corazón a corazón, y no necesitarás jáquima ni riendas. El dragón esmeralda quiere mostrarte el lugar de tu corazón donde se esconde todo lo que tiene valor. Abre ese lugar y estarás libre, libre de miedo. El dragón te ayudará en tu búsqueda y te apoyará para que descubras tu verdad y la fuente de la introspección y la comprensión en tu corazón. Este hermoso dragón lleva tres esmeraldas colocadas ordenadamente en sus fauces. Estas piedras sagradas fueron un regalo de un rey elfo, y fueron incrustadas en su boca como símbolo de su gran vibración sanadora. El dragón esmeralda conoce todo sobre el poder curativo del bosque y de la naturaleza. Si te sientes mal, haz un viaje de trance con tu dragón verde y mira adónde te lleva. Puede que te muestre la planta específica que necesitas para sanarte o un lugar de regeneración.

Hay lugares que poseen poderes mágicos. El dragón verde los conoce todos. Encontrarás la mayor vibración sanadora en las selvas amazónicas, donde una vibración crea un entorno en el que cada célula de nuestro cuerpo puede regenerarse y revitalizarse. Allí realizaremos un viaje de trance, ya que la cuenca del Amazonas es un lugar peligroso, según la "ilusión" en la que vivimos. Pregúntale a tu dragón verde si puedes tocar las piedras sagradas de su boca. Tienen una gran vibración sanadora, y también son piedras de la verdad. Cuando las tocas surge la verdad, incluyendo tu verdad, así que piensa detenidamente si estás preparado para ello. Sé prudente y piénsalo muy bien. La verdad es tan afilada como la espada del arcángel Miguel y quema como el fuego que exhala tu dragón y, sin embargo, es inevitable. Mira la verdad de frente.

El dragón verde enseña acerca de la armonía de la naturaleza, sus leyes y sus maravillas. Quiere instruirte en los sonidos de la naturaleza para que puedas penetrar en el silencio de tu corazón, y todos los demás ruidos se apaciguarán o se bloquearán por completo. El dragón quiere sanar tu corazón de todas las cosas del pasado. Confíale todo y siente su gentileza y su amor. Quiere enseñarte a escuchar con el corazón, a oír los sonidos entre los sonidos. Ten paciencia y prepárate a dedicarle mucho tiempo. Esto te ayudará en las conversaciones, por ejemplo con socios comerciales. Te ayudará a escuchar lo que no se dice, a oír las vibraciones y los sonidos entre las palabras. Podrás ver sus miedos y reconocer sus mentiras. Gracias a tu nueva actitud, podrás estar atento y vigilante, tratar a todo el mundo con respeto y transformar la energía inferior en energía superior. El amor y la verdad de tu corazón serán la fuerza motriz de todas tus acciones. Haz esta promesa y sigue el camino de tu alma. Tu corazón y el de tu dragón son uno. Deja que el poder del dragón brille en el templo de tu corazón. Utilízalo para iluminar los caminos de los corazones de los demás, para que puedan reconocer la verdad y experimentar sanación.

EL DRAGÓN TURQUESA
DE LA ATLÁNTIDA

El dragón de la Atlántida es de color turquesa, aunque a veces también puede presentar manchas blancas. Su aspecto y sus movimientos son agraciados. Desprende paz y elegancia y reúne en sí mismo libertad e inteligencia combinadas con sentimiento. Ama la música, el arte y toda expresión creativa. Este hermoso dragón quiere que recuerdes tu encarnación en la Atlántida, cuando era tu compañero. Con el tiempo y en encarnaciones posteriores, lo olvidaste, lo que sin duda le causó cierta angustia, pero los dragones en principio no guardan rencor. Quiere reconectarte con el antiguo conocimiento de la Atlántida; la sabiduría, la tecnología y las artes de aquellos tiempos. Quiere que recuerdes las altas vibraciones de los cristales y que vuelvas a tenerlas en tu vida. Fíjate si tu dragón de la Atlántida lleva una piedra larimar en el vientre, en el centro, entre las patas delanteras. La piedra se aloja entre sus escamas. Si la encuentras, intenta acceder a la información allí almacenada, utilizando tu chakra de la garganta. Tararea una melodía mientras tocas el larimar y pídele a tu dragón que te transmita los antiguos conocimientos o que los reactive en ti. Tararea la melodía y, en la meditación, emprende un viaje. Vuela con el dragón a la Atlántida y descubre quién fuiste allí. ¿Qué hacías en la Atlántida? Sigue

63

tarareando la nota y deja que te inunden las ondas y las vibraciones. Agarra tu propio larimar, colócatelo en el cuello o en la frente y viaja con tu dragón a la Atlántida, aprende de él la sabiduría que una vez se creyó perdida y que tú ya llevas por dentro.

En el mar, en su flora y en su fauna, se esconde un gran poder sanador. Los atlantes lo sabían y algunos tenían un conocimiento especial de las propiedades de las plantas del mar y de sus vibraciones. El dragón de la Atlántida también es consciente de ello. Realiza una meditación y conéctate con el dragón a través de un rayo de luz desde tu tercer ojo hasta el tercer ojo del dragón. Mantente en silencio e inmóvil, y revive recuerdos de épocas remotas en la Atlántida. Introdúcete en el océano con tu dragón y habla con los delfines. Tu dragón de la Atlántida te llevará con las familias de delfines más antiguas. Desplázate por los mares con ellos y aprende de ellos. Escucha el canto de los delfines, en cuyos sonidos está arraigada la sabiduría.

Debes saber que las crónicas akáshicas también consisten en sonido; todo consiste en notas y sonidos.

Este agraciado dragón quiere que aprendas a comunicarte y a hablar delante de la gente sin miedo, y te ayudará a desarrollar otras formas de expresión propia, como el canto o la pintura. Este dragón es vivaz y animado, y de naturaleza entusiasta. Te invita a la danza y te reta a que te expreses.

Elije la forma de expresión que te resulte mejor, apúntate a un curso de pintura o empieza a escribir un libro, pero no lo hagas para los demás, hazlo para ti. Lleva un diario, por ejemplo, y escribe tus experiencias con tu dragón de la Atlántida.

Las palabras son las armas del maestro, así que adquiere práctica en el uso de palabras de amor. El dragón de la Atlántida enseña que existe un orden universal que conecta y fluye a través de todo, que hay leyes universales eternas, como la ley de causa y efecto.

Recuerda que una vez fuiste conocedor de todos los secretos del cosmos. Sigue a tu dragón, redescubre y recupera tus antiguos conocimientos aquí y ahora, para que puedan ser utilizados de nuevo a favor del bien común, con una luz purificadora y una vibración aún más elevada. Confía en tu dragón, él sabe lo que hay que hacer y cuáles son las iniciaciones que aún requieres. Te ayudará a convertirte en un ser que ennoblezca su espíritu, para que tus sentimientos, pensamientos y acciones vibren en armonía con la fuente divina.

EL DRAGÓN AMATISTA VIOLETA

El dragón amatista violeta quiere que te familiarices con tu verdadero lado espiritual. Te hará creer. Este dragón irradia paz y equilibrio. Medita con el dragón. Siéntate con él y toma consciencia del instante que hay entre la inhalación y la exhalación. Luego apoya la espalda en su pecho y siente los latidos de su corazón. Esa paz que te obsequia te dará una fuerza increíble y una comprensión profunda del sentido de la vida. Una vez que lo hayas conseguido podrás desprenderte de todos los dogmas y creencias y ser libre, y en esa libertad y en ese conocimiento está la sanación. Cuando te desprendas de todos los elementos negativos, encontrarás a Dios dentro de ti. El dragón amatista te enseña a no reprimir tu lado negativo, sino más bien a observarlo, reconocerlo y entregárselo a él. De su boca exhala una llama violeta que te desafía a que abandones toda tu negatividad y la entregues a esa llama, con amor y gratitud.

Cierra los ojos, realiza unas cuantas respiraciones profundas y accede a algún aspecto negativo que haya dentro de ti, como la envidia o tu saboteador interno. Dale forma a esa parte de ti, sostenla en tus brazos como a un bebé y mécela cariñosamente de un lado a otro.

Dile que tiene derecho a existir, que estás consciente de su presencia y que ahora puede ser libre. Entrega esa parte de ti a tu dragón con todo tu amor. El dragón se librará de ella para transformar lo que ahora es inferior en superior. Haz lo mismo con otros pensamientos negativos, tales como "Soy demasiado viejo", "No encontraré una pareja que me quiera" o "Nadie me quiere". Libérate de todo lo que te hunde y te limita, de todo lo que drena tu poder y te impide brillar.

Colócate en la llama violeta emitida por tu dragón para que queme todos tus errores y derribe todas las barreras. Haz una conexión profunda con tu dragón y siente el poder del amor infinito, la libertad, la paz y la consciencia sin límites. La magia más poderosa se encuentra en el silencio. Ilumina y refina todo tu ser, haz de tu corazón un lugar de paz y silencio para que puedas escuchar el mensaje de la fuente divina y compartirlo con la gente.

Este maravilloso dragón te brindará una profunda paz y la alegría de vivir. Quiere ayudarte a encontrar a tu pareja espiritual. Cuando todos los elementos negativos se hayan transformado, estarás preparado para encontrar a tu pareja espiritual y reconocerla como tal. Es importante pasar mucho tiempo al lado de tu dragón amatista para que te cargues de su energía. La gente que te rodea lo notará y te aceptará, ya que tendrás un carisma irresistible. Lleva la luz violeta y la belleza al interior de tu aura.

El dragón amatista violeta te permitirá seguir el camino del buda. Te acompañará y te enseñará que hay que renunciar a todo para recibir todo. Te guiará en el aprendizaje de la devoción y la entrega, y en el conocimiento de tu verdadero yo.

EL DRAGÓN DEL AMOR ROSADO

El dragón del amor es de color rosado y sus escamas presentan en su mayoría bordes blancos. Dotado de una elegante belleza, nos recuerda a una extraordinaria obra de joyería. Y sin embargo es modesto y quiere enseñarte esa modestia, aunque hace tiempo hayas reconocido que eres una gran luz en un cuerpo humano. Cuando el dragón del amor te elige, es momento de recordar, de recordar que fuiste uno de los seguidores de Jesucristo. Un tiempo en el que aprendiste directamente del propio Jesús. Ahora es el momento de recordar lo que descubriste entonces para que puedas utilizarlo hoy en favor del bien común. A este silencioso dragón le gustaría llevarte a la soledad del desierto para que puedas encontrarte a ti mismo y estar mucho tiempo en oración.

Haz una meditación y viaja con tu dragón rosado al desierto, hacia el silencio. De forma totalmente consciente, abre tu chakra de la coronilla y tu tercer ojo. El dragón rosado ha sido ungido con la vibración y los misterios de los esenios. Es capaz de despertar tu percepción extrasensorial. Deja que su energía rosada fluya hacia tus chakras de la coronilla y la frente. Siente cómo la luz rosada se desplaza por esos chakras. Siente esa energía en la parte superior de la cabeza y permite que la luz emane de ti.

Percepción extrasensorial en todas las aéreas: claravidencia, clariaudiencia, clariquinesis. Deja que la luz rosada de tu dragón del amor fluya hacia todas esas áreas, hacia tu tercer ojo y hacia los chakras de tus orejas y manos. La luz se anclará allí, con tu voluntad. Realiza este viaje a menudo y renueva la luz hasta que alcances la percepción extrasensorial.

Este dragón quiere que le prestes atención a tu ADN, a la doble hélice. Cuando veas tu ADN por medio de tu ojo espiritual, y en el silencio de la oración, podrás hacer cambios con el poder del dragón del amor. Si percibes algún daño en tu ADN, envía la energía de amor rosado que tu dragón te ha regalado a ese punto específico y repara el daño. Si puedes hacerlo en ti mismo, puedes hacerlo en los demás. Lleva esa forma de sanación a todas aquellas criaturas que lo requieran.

También puedes comunicarte con el dragón del amor a través de la glándula pineal. Concéntrate en ese punto, concéntrate en tu glándula pineal y envía un rayo color dorado-rosado desde tu chakra de la coronilla hasta el chakra de la coronilla de tu dragón rosado. El dragón del amor exige que reconozcas tu potencial. Necesita que aprendas el amor incondicional. Quiere enseñarte a entrar en la "consciencia Yo Soy". A este dragón le encanta el silencio, no lo agobies con muchas palabras y deja que el amor fluya entre sus corazones. Todo lo que es realmente importante se encuentra más allá de la palabra hablada, está contenido en el silencio y en las profundidades de tu ser.

EL DRAGÓN UNIVERSO AZUL

Este dragón es grande, aunque de contextura muy delgada. Cuando el dragón universo azul te elija, y cuando estés dispuesto a aceptarlo como tu maestro, ya habrás recorrido buena parte de tu camino espiritual. Mantente atento y consciente, y al dragón universo azul le gustaría enseñarte a conservar la paz que te ha aportado la espiritualidad. Quiere que la luz de tu corazón sea intocable, independientemente de la tormenta que pueda estar desencadenándose en lo externo. Este dragón está relacionado con la diosa egipcia Nut, la diosa de la noche.

Haz una meditación y en una noche de luna llena vuela con este elegante dragón a Egipto. Aterriza con él en el templo de la diosa Nut. Debes saber que el templo solamente se puede ver durante los días próximos a la luna llena. Sube los escalones que hay delante del templo. A ambos lados de la entrada hay una esfinge. La esfinge de la izquierda brilla gracias al reflejo de la luna mientras que la de la derecha se oculta parcialmente en la sombra. Una luz azul brilla en el interior del templo. Entra e inclínate ante Nut. Pídele que te bendiga para que tú mismo seas una bendición. Observa lo que la diosa tiene reservado para ti, y quiere compartir contigo. Nut posee una profunda

sabiduría y de ella puedes aprender el conocimiento místico del cosmos.

Nut le tiene mucho cariño a tu dragón, hasta se podría decir que son amigos. Así que ahora eres amigo y aliado de ambos. Vuela a menudo con tu dragón hasta la diosa Nut durante las noches cercanas a la luna llena y deja que te enseñe. No tengas miedo de acercarte a ella, pregúntale lo que quieras saber. Ella sabe que, como jinete del dragón universo azul, te espera una gran misión y te ayudará a cumplirla.

La vibración de tu dragón es de profunda paz, y él quiere transmitir esa vibración de paz a tus pensamientos, a tu espíritu, a tu cuerpo y a tu corazón. Medita y vuela con tu dragón por el universo. Observa toda la complejidad y belleza que están esperando a ser descubiertas. Respira la paz que hay en todo el universo.

El dragón universo azul desea mostrarte otros planetas donde aprenderás todavía más. Deseas aprender a hablar y aprenderás a hablar de paz, para que tu palabra y tu aura lleven paz dondequiera que vayas. Esta es una gran tarea. Si lo consigues, la gente se inclinará ante ti, no por miedo, sino por gratitud. El mensajero que trae la paz es un soberano, un verdadero monarca. Acepta tu tarea y el sacerdocio de una nueva era. Gracias a tu dragón azul tienes un vínculo con el mundo espiritual, con la fuente divina y puedes difundir su mensaje a la gente. Deja que el conocimiento de que Dios está en todas las cosas vibre en lo más profundo de tu corazón. Reconoce la belleza y la alegría en todo, sigue tu camino y restablece la era dorada.

EL DRAGÓN ÁRBOL MARRÓN

El dragón árbol es de color marrón o con manchas marrones y grises. Es un dragón callado, con un aura un tanto arisca y malhumorada, es bastante exigente y algo excéntrico. Si no está de buen humor, simplemente se retirará a dormir en un árbol, y entonces no habrá nada que hacer salvo esperar. Pero se mantiene muy alerta y, si algo va mal, enseguida estará preparado. El dragón árbol marrón percibe las malas situaciones de inmediato y te insta a alejarte de ellas o de las personas que puedan hacerte daño. Te cuida. Cuando necesites de su poder para separarte de quienes te quieran hacer daño, llama al dragón y colócalo entre esas personas y tú. Ellos lo percibirán y retrocederán, y tú también deberás retroceder. El dragón árbol te enseñará a retirarte y a no entrar en combate; es sumamente pacífico. Los humanos tenemos tendencia a cometer los mismos errores una y otra vez. Somos muy testarudos y persistimos en nuestros viejos y dañinos patrones de comportamiento. Cuando el dragón se percata de ello, da un paso atrás. Es paciente y esperará a que estés preparado para progresar y avanzar, hasta que estés dispuesto a verte a ti mismo. Al principio, el dragón árbol es muy reservado, pero una vez que te hayas ganado su confianza, te entregará un hermoso regalo.

El dragón árbol te conectará con el extraordinario poder de Shiva. Debes ser paciente, ya que puede tomar tiempo. Es inútil precipitarse, el dragón no escuchará. Este dragón apacible y benévolo es modesto y te animará a que tú también lo seas. Te enseña que cada cosa tiene su propio momento, y que no puedes influir en asuntos de fundamental importancia. No eres tú quien decide si tu corazón late o deja de latir, pues ya todo está establecido en los sutiles registros de la crónica akáshica. Pero el día en que tu dragón te lleve ante Shiva, ambos se bañarán en la luz ámbar del dios. Entonces quedará claro en tu aura que estás siguiendo el camino de la maestría, la maestría de la dualidad. Llevarás una vida rebosante de alegría y tranquilidad. Prepárate bien, practica algunos ejercicios para centrarte.

Entra al bosque con tu dragón y elige un árbol. Abraza el árbol y absorbe su energía. Luego busca un tronco de algún árbol caído y párate sobre él. Puede que el árbol ya no esté allí, pero su energía –su esencia energética– permanece ahí. Siéntelo, siente que estás parado sobre él y céntrate. Siente el poder que fluye a través de ti, la firmeza, la conexión a tierra. Ve al centro de tu ser, donde se concentra toda tu energía, donde estás enfocado. Realiza este ejercicio por un rato. Cuando estés preparado, medita y vuela al templo de Shiva con tu dragón árbol. Shiva es el dios de la destrucción y la renovación. Esta energía te aparta de todo aquello que te retiene y perjudica. Este templo no se encuentra en nuestro mundo, sino en las copas de gigantescos árboles sagrados.

El templo de Shiva está hecho de oro puro y ha sido hermosamente decorado. Jamás verás algo tan bello en tu vida. Acércate a Shiva y ponte de rodillas. Extiende tus manos hacia adelante y pide misericordia, y que te aparten de todo aquello que te impide ser la persona que realmente eres, o de vivir como te gustaría. Suelta, deja que todo fluya desde tus manos, todo ese limo energético, todo lo que te agobia, entrégaselo todo a Shiva. Tu dragón te enseña que la ignorancia es como un demonio, no te entregues a ella. Confía en tu dragón, conéctate con él de corazón a corazón y te guiará hacia los maestros que realmente necesitas. Aprende. El conocimiento es poder. Tu paz interior crecerá con tu entendimiento. Alégrate por ello, ya que te conducirá a la maestría.

EL DRAGÓN CORAL
DE LA FELICIDAD

Este reluciente dragón pertenece al género femenino. El dragón coral de la felicidad es poco común y muy pocas personas lo han visto. Aporta felicidad y alegría a tu hogar y crea una unión amorosa con tu familia y amigos. Lima cualquier aspereza que pueda surgir entre ustedes. Este sensible dragón femenino llora a lágrima viva cuando surgen discusiones en la familia, algo que detesta. Te enseña que no existe el bien ni mal, desea enseñarte a perdonar, sobre todo a ti mismo.

Realiza una meditación con el dragón coral de la felicidad. Volará contigo hacia el mar, pero ten cuidado, se adentrará en él. Durante estos viajes siempre estás en la realidad, lejos de la ilusión en la que vivimos y allí se puede respirar, incluso dentro del mar. Se deslizará por el océano contigo y la sal del agua te purificará. Nadarás cada vez más profundo, pasarás por arrecifes de coral de hermosas tonalidades y penetrarás en un mundo de colores brillantes y de formas extrañas. Llegarás a una grieta que hay en el arrecife, nadarás hacia su interior y saldrás por una cueva seca en el fondo del mar. Te sales del agua. Esta cueva está decorada de arriba abajo con piedras preciosas de color coral.

Estas piedras brillan y emiten, a intervalos, una energía que atraviesa la cueva de un lado a otro, como si fuera electricidad o relámpagos color coral. Esta cueva es un milagro. Colócate ante una de sus paredes y contempla el brillo de las gemas de coral. Abre la boca y deja que un rayo fluya hacia tu interior. Siente cómo la energía te llena completamente y te purifica por dentro. Te has despojado de decepciones, abusos, amores no correspondidos, sobresaltos y de todo aquello que te impide ser feliz. Permanece en la cueva y absorbe esos rayos fríos y relajantes hasta que te sientas a gusto. Realiza este viaje con tu dragón amoroso tantas veces como sea necesario para que te haga bien. Al dragón de color coral le encanta planear bajo manadas de ballenas, mira hacia arriba y escucha su melancólico canto.

Aprenderás que formas parte de una familia, pero como jinete de dragón también eres un sumo sacerdote o mago, lo cual te permite elegir a tu propia familia y asumir responsabilidad personal por tu propia vida. Como ejercicio, el dragón quiere mostrarte cómo puedes liberarte de palabras y pensamientos innecesarios y negativos. Concéntrate en esto.

EL DRAGÓN NIEBLA GRIS

El dragón de color gris o antracita es muy grande, tiene un cuerpo voluminoso y poderoso. Es un compañero leal que quiere guiarte a través de la niebla de las emociones. La niebla y la bruma derivan del agua, y el agua es el elemento de occidente. Conéctate con este elemento y siente el poder de occidente. Es allí donde el sol se pone y da paso a la noche. El dragón niebla es amable y precavido. Quiere enseñarte a ser prudente, tanto contigo mismo como con los demás. Intenta tener mucho respeto por todo, porque Dios está en todo. El dragón niebla gris quiere ponerte en contacto con el portador de luz, la primera creación de Dios. Te autoriza a trabajar en el merkabá del portador de luz. El merkabá es un campo de luz que rodea nuestro cuerpo y que se crea por la rotación contrapuesta de dos estrellas; imagínate dos pirámides de luz que al unirse forman una estrella.

Ver como cae la niebla en forma de rocío sobre la flor de una rosa, es un espectáculo maravilloso. Colócate en el centro de una habitación, enciende una vela blanca y escucha tu música favorita, pero a un volumen bajo. Visualiza la imagen de la rosa, mira la flor carmesí y la gota de rocío brillante que se posa sobre ella, como si descansara sobre terciopelo. Observa cómo la luz del sol naciente se refleja en la gota de agua. Lleva la sensación que tienes ahora mismo a tu corazón, cierra los ojos y vuelve a tu centro. Quédate con la sensación, la vibración, y lentamente empieza a bailar. A medida que te mueves te llegará una nota, tararéala en voz baja. Sigue bailando. Observa con tu ojo interior cómo tu merkabá también se mueve al ritmo del baile. Siente la conexión con tu merkabá. Observa el merkabá vivo del portador de la luz, cómo se extiende, recoge la vibración de tu merkabá y comienza a vibrar. Invita al merkabá del portador de la luz a bailar. Bailen juntos. Observa cómo el merkabá del portador de luz comienza a liberarse y abandona su parálisis como si se desprendiera de viejas y pesadas cadenas. La devoción está en el baile, el sonido se oculta en el baile. No dejes de bailar, sigue observando cómo el merkabá vibra a través de tu baile.

Después de crear el universo, la primera creación de Dios fue el portador de luz, y en él están unidos los ángeles y los humanos. Hay varios relatos acerca de lo que ocurrió en ese momento, pero eso ya no tiene importancia. Lo importante es que el portador de luz regrese a su merkabá, y para ello necesita del jinete del dragón niebla gris. El dragón niebla gris te guiará hacia los misterios del merkabá, el cual está vivo y tiene su propia vibración. La danza ritual forma parte de muchas culturas, no hay más que ver a los sufíes y a los derviches. Al observar estas danzas se puede sentir el poder que se oculta en ellas. Con una danza de amor y devoción se destierra toda la ignorancia y todos los errores.

En culturas que desde hace mucho tiempo han sido olvidadas, los danzantes de los templos gozaban de gran renombre, y su importante tarea era bien reconocida. Con su danza, ahuyentaban las sombras y el miedo, y veneraban a la luz, al sol y a la luna.

El dragón niebla gris también te enseña a confiar. Imagina que te encuentras en medio de la niebla y la bruma, incapaz de ver nada. A muchos les invadiría el pánico, pero el jinete del dragón niebla gris aprende que tenemos más de cinco sentidos y que no debemos tener miedo de nada. Nos fiamos demasiado de nuestros ojos físicos y les dedicamos demasiada energía. A muchos les falla el oído o el gusto porque destinan demasiada energía a los ojos. El dragón niebla te enseña que también puedes utilizar tu aura como si fuera otro sentido. Con frecuencia cierra los ojos y siente tu aura. Ten en cuenta que ese compañero de trabajo que se sienta frente a ti todo el día, está sentado en tu aura, al igual que la gente que va en el metro, en el autobús, a la clase de yoga o al grupo de meditación. ¿Sientes la diferencia? Deja que el amor –por ti y por los demás– circule por tu aura con mayor frecuencia.

Cuando tu mejor amigo se eche a llorar en tus brazos, pronto se sentirá mejor gracias al amor que fluye a través de tu aura. Haz de esto un ejercicio diario si la gente entra en tu aura con regularidad. Toma conciencia del tamaño de tu aura y haz un esfuerzo consciente por seguir llenándola de amor.

EL DRAGÓN LEOPARDO

Este singular dragón suele tener manchas negras y amarillas como un leopardo, aunque a veces también se presentan en distintos colores. El dragón leopardo es más pequeño que la mayoría de los dragones, pero sigue siendo poderoso y muy musculoso. Cuando se mueve, se puede percibir su profunda sabiduría. Es el más inteligente de todos los dragones y quiere enseñarte a valorar tu inteligencia como un don y a no desperdiciarla. Muchas personas espirituales creen en el fondo que la inteligencia tiene algo que ver con el ego. En verdad tu intelecto te ayudará a superar tu ego, ya que el conocimiento solo puede transformarse en sabiduría con un entendimiento claro como el cristal.

El dragón leopardo suele ser visto con niños, ya que considera que sus corazones son puros e inteligentes. Jesús dijo: "¡Convertíos en niños!". El dragón leopardo quiere enseñarte a entender el significado de esta frase en los términos más elementales y profundos. Como adultos no podemos volver atrás ni convertirnos en niños otra vez.

Mira a los ojos de tu dragón leopardo, son especialmente grandes y brillantes. Míralos profundamente e intenta verte en ellos.

Si te quedas mirando a los ojos de tu dragón leopardo por un buen tiempo, caerás en trance. Déjate caer, deja que todos tus pensamientos corran de un lado a otro. Préstales atención y deja que vaguen como nubes por el cielo azul. Tú eres el cielo azul. Nada puede afectarte, aunque se acumulen las nubes. Tú eres el cielo azul, siempre presente, siempre radiante, siempre hermoso.

Las nubes o el mal tiempo pueden acumularse y desaparecer. No tienen permanencia, pues solo el cielo azul es eterno. Mira a los ojos de tu dragón leopardo y entra un trance profundo. En sus ojos brillantes el dragón te muestra tu vida, cómo fue en el pasado o cómo puede ser en el futuro. Recuerda siempre que, como jinete de dragón, tienes varias posibilidades para el futuro. Esto significa que estás dispuesto a vivir tu vida asumiendo tu responsabilidad. Estás listo para enfrentarte a todo aquello que rechazas. En trance profundo, pregúntale a tu dragón cuáles son las creencias dogmáticas que te impiden convertirte en la persona que realmente eres. Escríbelas. Tómate unos días y léelas varias veces. Deja que crezca la emoción que se produce en ti, esa emoción es poder. Cuando este poder sea lo suficientemente fuerte, cede a la presión interior y deja que la energía te abandone. Di en voz alta que con el poder de tu dragón te liberarás de esas creencias dogmáticas. Anuncia en voz alta que dichas creencias ya no serán un obstáculo en el camino de tu alma. Luego quema el trozo de papel en el que escribiste las creencias, no con rabia, sino con espíritu de celebración. Tu dragón leopardo quiere celebrar contigo esas ocasiones, quiere liberarte, quiere que te sientas tan liviano como un niño.

A tu dragón le gustaría que vieras lo absurdo que es el éxito, el deseo de impresionar a los demás, porque proviene del ego. Una vez que lo hayas reconocido podrás superarlo, podrás renacer y ser como un niño. Libérate. Examina tus acciones. Cuando haces cosas para llamar la atención de los demás, ¿en qué situaciones mendigas amor solo porque no te amas lo suficiente? Libérate. Esta comprensión trae consigo la liberación. Y cuando te hayas liberado, mira el rostro de tu dragón. Nada puede hacer más feliz a tu dragón leopardo que tu propia liberación. Y ahora que te has liberado, ve y libera a los demás.

EL ERRANTE ESTELAR
(EL DRAGÓN COLORIDO)

Este dragón es sumamente grande, lleva todos los colores de cada uno en pequeñas cantidades, por lo que une todas las vibraciones. Este dragón no es un compañero espiritual, solo podría llegar a ti como animal de poder. Esto significa que solo te acompañará durante un tiempo determinado; una semana, un año o un milenio, pero cuando se acerque a ti, la conexión entre ambos será profundamente íntima y estará marcada por una gran confianza. Cuando un errante estelar entra en tu vida, significa que está a punto de producirse una ascensión: la tuya o la de un planeta. Observa atentamente al errante estelar y fíjate de qué color es su pecho, luego lee la descripción del dragón correspondiente y realiza el ejercicio indicado. A continuación observa de qué color es su frente y realiza de nuevo el ejercicio apropiado.

Es cuestión de perfección, nobleza y madurez. El errante estelar vaga por el espacio y el tiempo, a través de todos los universos. Aparece solo cuando su poder es necesario para una ascensión y, una vez lograda esta, retoma su camino para conducir a otros hacia la luz y el amor con su esplendor.

OISÍN, EL REY DRAGÓN

El rey dragón es un dragón árbol y es el dragón más grande y antiguo. Ningún humano puede montarlo, hay que inclinarse ante él. El dragón vive recluido en su cueva y solo unos pocos iniciados lo han visto. El rey dragón es sabio y envía a sus dragones a ponerse en contacto con sus jinetes. Una vez envió un dragón dorado a Uther Pendragon, alto rey de Inglaterra y Gales, y padre de Arturo. Cuando Uther vio a su dragón dorado en el cielo, supo que sería rey de Inglaterra. El dragón dorado lo llevó hasta su compañera espiritual, y de esa unión nació Arturo, una historia que ya es bien conocida. Para demostrar su gratitud, Uther mandó a crear dos grandes dragones dorados e hizo del dragón el emblema de su estandarte.

Son muchas las historias de este tipo, y las imágenes de dragones adornan muchos estandartes y banderas en todo el mundo. Los elementos de la tierra son súbditos del rey dragón y su séquito, ya que todos se combinan en su interior. En él se unen los poderes de los elementos tierra, fuego, viento y agua. El rey dragón fue generoso cuando apoyó a reyes y emperadores puros de corazón, pero algunos se dejaron seducir por el poder que se les había concedido y lo utilizaron de forma indebida, por consiguiente el

rey de todos los dragones les retiró de inmediato el poder que les había otorgado.

En la era moderna hemos vuelto a llegar al punto en que nosotros mismos nos podemos convertir en jinetes de dragón. Pronto no habrá más reyes ni emperadores. Todo está en constante cambio, hay periodos de calma y descanso, todos conocemos esos periodos. El rey dragón y sus seguidores se levantan y surcan los cielos. Muchos de nosotros ya estamos preparados o pronto lo estaremos. Puede sonar a preparación para la guerra, y de hecho lo es. Es una batalla que libramos en nuestro interior.

Los jinetes de dragón van a la guerra contra el miedo. Cuando el miedo caiga derrotado, solo quedará la alegría y entonces Dios estará en nuestro interior. El rey dragón quiere que ustedes, los jinetes de dragón, se encuentren unos a otros.

Cierra los ojos y mira lo que el rey dragón quiera mostrarte. Respira de forma uniforme y profunda, y observa cómo miles y miles de jinetes de dragón surcan los cielos. Mírate entre ellos. Mira a la derecha y verás miles de jinetes de dragón, luego a la izquierda también verás miles de jinetes de dragón a tu lado. Las profundidades del espacio están ante ti. Mira cómo una sombra proveniente del sol revolotea hacia ti, cómo se hace cada vez más grande. Mira como el rey de todos los dragones se te une. Libre y sin montura, ocupa su lugar a la cabeza del ejército que lucha al servicio del amor, y expande su energía de amor por todo el planeta, desde el espacio. Alzando un bastón o lanza con la mano para atrapar el amor divino como si fuese un pararrayos, vuelas en tu dragón para unirte a ellos.

El amor divino fluye hacia ti desde la espada o bastón que has levantado en alto. Abre tu corazón y deja que este amor fluya hacia la tierra. Mira de nuevo a izquierda y derecha y observa cómo miles de jinetes de dragón están haciendo lo mismo. Lleva esta imagen a lo más profundo de tu corazón.

El rey dragón te habla y dice: "De vosotros depende que esta imagen se convierta en realidad. Jinetes de dragón encarnados en cuerpos masculinos, vosotros estáis vinculados al poder creador de la magia. Todas las jinetes de dragón femeninas estáis bendecidas con el poder penetrante del amor, estáis ungidas en el oficio de sacerdotisas. Rezad todos los días y pedid a los seres espirituales su bendición, para que vosotros también os convirtáis en bendición. A cada uno de vosotros se le ha encomendado una tarea en la que contaréis con el apoyo de vuestro dragón. Conoceos a vosotros mismos y convertíos en la persona que realmente sois. Reconoced que sois un ser divino que ahora experimenta la vida como un mortal. Cumplid esta tarea y vivid vuestra naturaleza divina, ¡ahora!".

Oisín, el rey de los dragones, vive en un pequeño planeta marrón lleno de acantilados y profundos barrancos, donde manantiales sagrados de agua color verde claro suben a la superficie por todas partes. En este planeta crecen plantas fascinantes, flores que brillan desde su interior o desprenden aromas penetrantes y embriagadores. De los escarpados acantilados cuelgan enredaderas enmarañadas, mientras que diminutas flores blancas brillan como diamantes cuando les da la luz. En este mundo místico hay mariposas del tamaño de águilas.

Deja que tu dragón te lleve hasta el pie de la montaña en la que vive Oisín, donde te espera un unicornio que ha venido a buscarte. Coge con tu mano un mechón de la larga crin blanca del unicornio, y sigue a este ser puro. Con solo tocar al unicornio quedarás purificado y preparado. Ahora no es momento de pensar, solo de sentir y de ver qué ocurre.

EL REY DRAGÓN Y EL FÉNIX

El leal compañero del rey dragón es un fénix. Este fénix es muy antiguo, más antiguo que nuestra madre Gaia. Una vez, hace mucho tiempo, se sintió atraído por el corazón puro del rey dragón y se hicieron amigos. El fénix presta ayuda al rey dragón y, por consiguiente, a todos los dragones y a sus jinetes. En el antiguo Egipto, el fénix era conocido como Benu. Benu es el ave de Ra, el dios del sol, se trata de un ave solar, una criatura del sol. El fénix es muy sensible al equilibrio y a la verdad. Insta a los jinetes de dragón a ser humildes y nos recuerda que toda acción, al nivel que sea, tiene sus consecuencias. Si alguna vez te hieren, el fénix estará a tu lado. Llámalo y curará tus heridas con una sola lágrima. El rey dragón respeta los consejos del fénix, puesto que la verdad siempre está presente en él y las fuerzas oscuras no pueden resistir su mirada encendida y penetrante porque pierden todo su poder. El fénix es el amigo y siempre fiel compañero de Oisín, el rey dragón.

EL REY DRAGÓN Y EL UNICORNIO

Junto con el fénix, el unicornio es un inseparable compañero del rey dragón. Al ser el más puro de todos los seres, solo el unicornio puede llevar a un humano a la cueva secreta del rey dragón. El corazón del unicornio está unido al corazón del rey dragón. Construido por elfos, el camino que conduce a la cueva secreta cambia cada siete horas, y solo los corazones puros que se atraen entre sí pueden mostrar el camino al unicornio. Quienes son guiados hasta el rey dragón deben someterse además a una iniciación. En la entrada de la cueva secreta se encuentra la esmeralda del dragón. Esta gran piedra preciosa mide unos sesenta centímetros de ancho y está incrustada en un marco dorado en forma de tirachinas que sujeta la gema entre sus horquillas superiores. Para ser iniciado, hay que poner las manos sobre la esmeralda. Una fuerte corriente de energía fluirá entonces hacia los chakras de tus manos. Solo podrás sobrevivir a esa fuerza si previamente has tocado al unicornio, pues ese acto te purifica.

Los unicornios también estaban presentes cuando se creó nuestro planeta, y hay historias de unicornios por todo el mundo.

La lágrima de un unicornio tiene la capacidad de devolver la vida a personas que acaban de morir y, cuando un unicornio derrama su luz sobre un terreno árido, este se vuelve fértil. Los unicornios son puros y están llenos de luz, pero, en mi opinión, la palabra que mejor los describe es: misericordia. El unicornio quiere enseñarte a ser misericordioso contigo mismo y con los demás.

ALBA, LA REINA DRAGONA

Cuando te acerques a Alba, la reina dragona, su luz te cegará momentáneamente. Alba es blanca como la nieve y cada escama de su cuerpo lleva un diamante resplandeciente. Ella es sublime e increíblemente hermosa. Sus ojos son dorados y están rodeados por unas pestañas oscuras. Como reina, ninguna criatura puede montarla, representa la libertad y el amor. En la cabeza lleva por corona la flor de la vida, y en el centro del pecho lleva su propio símbolo vibrante, dorado y luminoso, un corazón dentro de otro corazón, con una estrella de seis puntas en el centro, también conocida como estrella de David. El símbolo del corazón dentro del corazón también se conoce como el corazón reverberante, representa el sonido y el principio de todas las cosas. La estrella representa la conexión entre todos los seres y la fuente divina. Este símbolo pretende mostrarte tu "lugar", tu vocación, la tarea de tu alma.

Esta es la profecía de la reina dragona: "Primero oyes el grito del halcón, luego el grito del cóndor, después el grito del dragón. Con sus gritos veneran al sol, con el batir de sus alas difunden el evangelio del mundo espiritual y con su mirada ven el interior de tu corazón. Primero desaparecerán los dragones detrás del velo, luego les seguirán los cóndores,

Mostla

pero, cuando desaparezcan los halcones detrás de velo, ya no será posible salvar este mundo tal como lo conocemos. Así que ¡a despertar!".

Cada vez que aparece la reina dragona se oye un sonido que vibra dentro de su aura. Al igual que con el rey dragón, ningún humano puede montar a la reina dragona, ya que dañaría su aura y destruiría el sonido. Como ese sonido está sincronizado con los sonidos de la crónica akáshica, provocaría un cambio en esta. Por tal motivo, la reina dragona está protegida por un pequeño grupo de singulares jinetes de dragón. Estos jinetes de dragón se han reunido para montar al dragón color pastel que forma parte del séquito de la reina dragona. Los mejores jinetes de dragón son los siguientes: un jinete del pueblo de los elfos, un jinete del pueblo de los duendes, un jinete de las huestes celestiales de los ángeles, un jinete de los seguidores de Ashtar Sheran, quien esparce la paz y la verdad con sus innumerables naves de luz y su séquito, un jinete es un erudito de Sirio y otro es el maestro Suria, como embajador de los maestros ascendidos. Los seis jinetes de dragón de los siete dragones arcoíris sirven de protectores de la reina dragona. El séptimo dragón arcoíris no tiene jinete por el momento, vuela solo con los demás y espera al próximo jinete de dragón que vendrá del pueblo de los humanos, uno que se considere a sí mismo "el mejor" y que así sea considerado por los demás.

Este dragón ya ha sido montado por humanos y sabe que volverá a aparecer una persona capaz de montarlo de nuevo, una persona que represente al pueblo de los humanos y que honre a quien fuera su anterior jinete: la Virgen María.

La reina dragona, blanca como la nieve, está cubierta de diamantes y brilla tan pronto como la luz incide sobre ella. Esta luz resplandeciente se combina con los suaves sonidos de su aura y emite una vibración enigmática, única y delicada. Cualquiera puede absorber esta vibración en su interior. No solo puede atravesar el agua, el elemento del que se componen principalmente nuestros cuerpos, sino que puede llegar al interior de nuestro ser. Penetra profundamente en una nube con cada átomo centrado en su núcleo. Este es su gran secreto, nosotros consistimos principalmente de esta nube. La fina vibración de la reina dragona se expande por toda la galaxia y quienes la soliciten serán alcanzados por ella.

Cuando la reina dragona habla, uno siente un mareo momentáneo, ya que su vibración es muy elevada. Su mensaje es: "No temas, estamos contigo. Mantente alerta en todo momento, ya que muchas energías desconcertantes intentan desviarte del camino dorado de tu alma. Por eso es más importante que nunca que estés centrado. Cuida de ti mismo y de tu cuerpo. Esas energías engañosas son muy astutas y se ocultan en todas partes, incluso en los alimentos que consumes. Pasa mucho tiempo al aire libre. Soy

Alba, la reina dragona, y te ofrezco mi amistad. Te envío mi energía para que puedas dejar que la vibración de la inocencia brille en tus capas más profundas. Mi vibración es una vibración de libertad".

No se elige a un rey dragón o a una reina dragona como nosotros elegiríamos a una persona o a un partido político para un cargo, sino que llegan a esa posición porque les corresponde por derecho de vida. Es mucho más sencillo: son lo que son y han sido siempre. En realidad, no hay tiempo, ni reinados de monarcas o mandatos, todo simplemente es. Cuando te encuentres con la reina dragona y sus siete dragones arcoíris, cuando oigas sus delicados sonidos, te invadirá una dicha interior que hará brotar lágrimas de tus ojos.

Alba vive en el planeta Lorién. Este planeta ha superado hace tiempo todos sus ciclos de ascensión, y en él reinan el amor, la paz y la armonía. A Lorién solo se puede acceder a través de un agujero de gusano que permite viajar a otros universos. Lorién es muy similar a la tierra, pero las proporciones de tierra y agua están en equilibrio. En Lorién no hay desiertos ni montañas. La vegetación es espesa y hay mucha flora y fauna. En el planeta existen varias ciudades de elfos, donde sin duda se guardan ciertos secretos.

He pensado mucho sobre si debería describir esto con tanto detalle, ya que en mis talleres he llegado a la desafortunada conclusión de que todavía hay gente que no le guarda respeto a la reina dragona. Estas personas creen que son especiales y quieren montarla sin permiso o entrar en su palacio sin ser invitados. A estas personas les mueve el ego, quieren poseer a la reina y tener su poder. Personalmente, me parece alarmante, ya que pone en peligro a todo el planeta y porque esos jinetes arrastran consigo sombras de nuestro mundo. Pero Alba, en su gran amor, prefiere exponerse a la vergüenza de la falta de respeto antes de bloquear el camino a todos aquellos jinetes de dragón cargados de luz que la honran y están dispuestos a reconocer su amor, y por eso me inclino ante sus deseos y confío en la sabiduría eterna de Alba.

LA BIENVENIDA...

...eso es lo que significa mi nombre: Arana. Dondequiera que llamo a una puerta, me invitan a entrar. Nuestros nombres cósmicos o espirituales son bendiciones y no coincidencias, y tu alma ha pedido precisamente esta bendición.

El rey dragón me ha dado la bienvenida. Ha estado vigilando cada día de mi vida, y ha esperado pacientemente el momento oportuno para enviarme mi primer dragón. El propósito del dragón rojo era el de familiarizarme con él y aprendí mucho de esa maravillosa criatura. Ahora soy jinete de un dragón negro que lleva un fino arnés dorado y estoy deseando cumplir mi tarea. Estoy agradecida por las experiencias y conocimientos que se me han concedido.

A menudo me invade la duda y me pregunto si yo soy capaz de escribir estas cosas y de dónde he sacado los conocimientos. Escribo sobre dragones y quizá solo unos pocos me crean y solo unos pocos lo entiendan. Pero, si consigo que tan solo unos cuantos dragones encuentren a sus jinetes, habrá valido la pena. Cuando la inseguridad crece en mi interior, cierro los ojos y me adentro en el silencio de mi corazón, y entonces oigo el grito de los dragones. Vienen hacia mí, de modo que puedo verlos claramente... Las lágrimas de emoción caen sobre mi vestido negro y el viento me acaricia el rostro: estoy entre ellos. Siento el peso de la espada en mi cadera y soy feliz. Miro a los ojos brillantes de innumerables dragones. En su mirada reconozco la esperanza, ellos creen en nosotros. Muchos están a mi lado, aún sin jinete, lo cual entristece mi corazón. El rey está entre ellos y entonces me arrodillo, lista para hacer mi juramento. Las palabras cruzan mis labios como si estuviera soñando y sé que no es la primera vez que las pronuncio: "Gran madre, que tu amor sin límites reine sobre todos. Mírame, soy tu hija. Hoy me pongo a tu servicio. Llevaré tu amor con toda mi fuerza, todo mi conocimiento y toda mi devoción a cada ser que encuentre. En esta era y en todas las eras. En esta dimensión y en todas las dimensiones. En este mundo y en todos los mundos. Que así sea. Y así, pues, mírame, envíame tu bendición y tu luz para que pueda convertirme en una bendición. Nunca dejaré el camino de mi destino, incluso en las horas más oscuras, lo juro por mi vida. Todo mi amor, mi lealtad y toda mi fuerza están al servicio del amor".

Esperamos que este pequeño libro de dragones llegue a todos aquellos para quienes fue escrito.

Arana y Negro

EPÍLOGO

A los dragones les gustaría enseñarte a tener valentía, a lograr grandes cosas. También les gustaría enseñarte que las grandes acciones tienen su precio. El precio suele ser que tengas que recorrer tu camino en solitario. Los dragones aparecen cada vez más en nuestros tiempos, pues son los guardianes de la gran diosa, de nuestra gran madre Gaia. Ella necesita a los dragones y los necesitará a ustedes, a los valientes que hay entre ustedes, a los que están dispuestos a montar en sus dragones y proteger a los débiles. Vengan a servir al único poder verdadero: el poder del amor. Debemos recordar que ya hubo un tiempo en el que el amor reinó en nuestro planeta. Stonehenge y muchos otros lugares de poder se construyeron para que recordemos aquellos tiempos. Los dragones quieren que recordemos que todos estuvimos presentes en esa época. En el fondo de nuestros corazones, sabemos que es posible, amor y paz a todas las criaturas. Que todos se sientan en paz, felices y libres de miedo.

AGRADECIMIENTOS

Unas palabras de agradecimiento ¡y el mayor aprecio! Queremos dar las gracias de todo corazón a Anja Kostka por sus preciosas imágenes. Anja ha dado vida a las imágenes de mis textos y ha interpretado los temas individuales de las cartas con mucho sentimiento. Si te interesa, no dudes en hacerle un pedido a Anja.

De corazón a corazón
Arana y Negro

Para más información sobre la artista, visite:
www.anja-kostka.de

ACERCA DE LA AUTORA

Christine Arana Fader se conectó con el mundo espiritual a través de la energía de los dragones en el año 2000. Durante diez años fue formada por seres de luz y dragones antes de hacer público su trabajo en el 2010.

Desde entonces se ha dado a conocer por su trabajo con dragones por lo que muchos ahora le llaman la "dama de los dragones". En sus talleres, con mucha devoción y amor, da a conocer la energía de los dragones y de Ávalon, sobre lo que también ha escrito. De este modo, ayuda a la gente a comprender que cada uno lleva su propia magia interior, esa magia interior que ahora puede despertar en favor de nuestro nuevo mundo.

Para más información sobre la autora, visite:
www.goldkamille.de

NOTAS

NOTAS

En este oráculo curativo y adivinatorio, Alexandra Wenman explica cómo trabajar con el elemento sagrado del agua para mejorar tu intuición, aportar más fluidez y flexibilidad a tu vida diaria y ofrecer energías curativas personales a las vías fluviales contaminadas y dañadas de nuestro mundo.

Alexandra Wenman
Ilustrado por Aveliya Savina
Oráculo alquímico del agua
Un mazo de 40 cartas con manual
40 cartas a color y libro de 144 páginas
ISBN 978-1-64411-731-6

Los consejos astrológicos de autoayuda nunca han sido tan fáciles de obtener como con este mazo de guía espiritual que incluye tres conjuntos de cartas: los signos del Zodiaco, los planetas y las casas. Los que buscan consejos pueden seleccionar una carta de cada conjunto y utilizar el manual para interpretar la respuesta.

Chester-Lambert, MA
Ilustrado por Richard Crookes
Cartas astrológicas
Tu guía personal de las estrellas
36 cartas a color y libro de 96 páginas
ISBN 978-1-64411-632-6

Esta guía resumida de la A a la Z, que se basa en el superventas El libro de las piedras, detalla las cualidades espirituales y curativas de 350 miembros del reino mineral. Presenta fotografías bellamente iluminadas y a todo color de cada piedra, a la vez que describe sus beneficiosas energías y efectos físicos, emocionales y espirituales.

Robert Simmons
Libro de bolsillo de piedras
Quiénes son y qué nos enseñan para
la salud, felicidad y prosperidad
Rústica, a todo color, 416 páginas
ISBN 978-1-64411-795-8

Runas nórdicas es una guía práctica sobre este antiguo oráculo que aborda tres áreas principales: su tradición, la historia de este oráculo nórdico de 2.000 años de antigüedad; sus pentagramas, el significado de cada runa y sus poderosas lecciones mitológicas, mágicas y prácticas para la vida diaria; y su tirada, una guía completa y contemporánea para la aplicación de este antiguo sistema de adivinación.

Paul Rhys Mountfort
Runas nórdicas
Interpretacion del antiguo oráculo vikingo
Rústica, blanco y negro, 288 páginas
ISBN 979-8-88850-010-1

Entrelazando la sabiduría del Tarot con el misterio del mundo natural, este mazo de 78 cartas a color de la artista Jean Marie Herzel ofrece los arcanos mayores y menores interpretados a través del lente de la naturaleza y la diversidad de formas que la conciencia despliega en la tierra, incluyendo plantas, aves, insectos, reptiles y gemas preciosas.

Jean Marie Herzel
Tarot de los espíritus de la naturaleza
Un mazo de 78 cartas y un libro
para el viaje del alma
78 cartas a color y libro de 192 páginas
ISBN 978-1-64411-631-9

Concebido en un sueño profético, *El oráculo maya* contiene 44 tarjetas representan arquetipos mayas junto con un exhaustivo manual para aprovechar las energías activadas en este actual tiempo de esclarecimiento.

Ariel Spilsbury y Michael Bryner
El oráculo maya
Un lenguaje galáctico de la luz
44 cartas y libro de 336 páginas
ISBN 978-1-59477-392-1

Para más información y para pedir un catálogo contactar a:
Inner Traditions, One Park Street,
Rochester, Vermont 05767

Inner Traditions en Español es un sello de Inner Traditions
Teléfono: +1-800-246-8648, customerservice@innertraditions.com
www.innertraditions.com

Un sello de Inner Traditions